Johanna de Laparde

Der heilige Augustinus

Johanna de Laparde

Der heilige Augustinus
Philosoph und Kirchenlehrer

Fromm Verlag

Impressum/Imprint (nur für Deutschland/ only for Germany)
Bibliografische Information der Deutschen Nationalbibliothek: Die Deutsche Nationalbibliothek verzeichnet diese Publikation in der Deutschen Nationalbibliografie; detaillierte bibliografische Daten sind im Internet über http://dnb.d-nb.de abrufbar.

Verlag: Der Fromm Verlag ist ein Imprint der
Südwestdeutscher Verlag für Hochschulschriften Aktiengesellschaft & Co. KG
Dudweiler Landstr. 99, 66123 Saarbrücken, Deutschland
Telefon +49 681 37 20 271-1, Telefax +49 681 37 20 271-0
Email: info@frommverlag.de

Herstellung in Deutschland:
Schaltungsdienst Lange o.H.G., Berlin
Books on Demand GmbH, Norderstedt
Reha GmbH, Saarbrücken
Amazon Distribution GmbH, Leipzig
ISBN: 978-3-8416-0015-8

Imprint (only for USA, GB)
Bibliographic information published by the Deutsche Nationalbibliothek: The Deutsche Nationalbibliothek lists this publication in the Deutsche Nationalbibliografie; detailed bibliographic data are available in the Internet at http://dnb.d-nb.de.

Publisher: Fromm Verlag is an imprint of the publishing house
Südwestdeutscher Verlag für Hochschulschriften Aktiengesellschaft & Co. KG
Dudweiler Landstr. 99, 66123 Saarbrücken, Germany
Phone +49 681 37 20 271-1, Fax +49 681 37 20 271-0
Email: info@frommverlag.de

Printed in the U.S.A.
Printed in the U.K. by (see last page)
ISBN: 978-3-8416-0015-8

Einleitung

Ein Bekehrungserlebnis führte ihn auf den Weg zu Gott

Der heilige Augustinus - auch Augustinus von Hippo - gilt als der größte Philosoph des ersten christlichen Jahrtausends und als einer der bedeutendsten Kirchenlehrer überhaupt. Seinen Weg zu Gott fand er durch ein Bekehrungserlebnis, das er in seinen „Bekenntnissen" beschreibt, nachdem er zunächst in jungen Jahren ein ausschweifendes Leben geführt hatte. Augustinus zog sich von einem Tag auf den anderen von allem Weltlichen zurück, ließ sich im Jahre 387 taufen, vier Jahre später wurde er in Hippo (heute Annaba in Algerien) zum Priester geweiht, wo er auch das erste Kloster auf afrikanischem Boden gründete. 396 wurde Augustinus Bischof von Hippo und veröffentlichte zahlreiche Schriften, darunter auch seine „Bekenntnisse", die mit den schönen Worten beginnen: „ Du hast uns, o Herr, für Dich erschaffen, und unser Herz ist unruhig, bis es ruhet in Dir".

In der Geschichtswissenschaft und Philosophie wurde der Begriff des „Augustinismus" geprägt, der insbesondere für das Franziskanertum charakteristisch wurde.

Inhalt

Artikel

Referenzen

Artikellizenzen

Augustinus von Hippo

Augustinus von Hippo, auch: *Augustinus von Thagaste*, *Augustin* oder *Aurelius Augustinus* (* 13. November 354 in Tagaste, auch: Thagaste, in Numidien, heute Souk Ahras in Algerien; † 28. August 430 in Hippo Regius in Numidien, heute Annaba in Algerien) ist einer der bedeutendsten christlichen Kirchenlehrer und ein wichtiger Philosoph an der Epochenschwelle zwischen Antike und Mittelalter. Er war zunächst Rhetor in Thagaste, Karthago, Rom und Mailand. Von 395 bis zu seinem Tod war er Bischof von Hippo Regius.

Älteste bekannte Darstellung von Augustinus in der Tradition des Autorbildes (Lateranbasilika, 6. Jahrhundert)

Augustinus hat viele theologische Schriften verfasst, die zu einem großen Teil erhalten sind. Diese Schriften bilden für Augustinus eine Einheit; der christliche Glaube ist ihm Grundlage der Erkenntnis (*crede, ut intelligas*: „glaube, damit du erkennst" bzw. „ich glaube, *um zu* erkennen"). Seine „Bekenntnisse" (*Confessiones*) gehören zu den einflussreichsten autobiographischen Texten der Weltliteratur. Augustinus' Philosophie enthält von Platon stammende, jedoch im christlichen Sinn modifizierte Elemente. Hierzu gehören insbesondere die Zweiteilung der Wirklichkeit zwischen der höheren Welt des Seins, die nur dem Denken zugänglich ist, und der niederen Welt des Werdens, die den Sinnen zugänglich ist: ein Dualismus, der sich im Menschen in der spannungsvollen Einheit von Leib und Seele ausdrückt. Die erste Biographie des Augustinus stammt von Possidius von Calama, der ihn als Schüler noch gut gekannt hat.

Als einer der einflussreichsten Theologen und Philosophen der christlichen Spätantike bzw. der Patristik hat er das Denken des Abendlandes wesentlich geprägt. In der Orthodoxen Kirche dagegen blieb er praktisch unbekannt; als seine Lehre im 14. Jahrhundert durch griechische Übersetzungen auch in Konstantinopel bekannt wurde, stieß sie auf Ablehnung, soweit sie nicht ohnehin dem Konsens anderer Kirchenväter entsprach. Seine Theologie beeinflusste die Lehre fast aller westlichen Kirchen, ob katholisch oder protestantisch. Auch die theologischen Schriften des heutigen Papstes, Benedikt XVI., sind wesentlich von seiner Lehre durchdrungen.[1]

Augustinus wird in den Westkirchen als Heiliger verehrt. Der allgemeine Gedenktag in der römisch-katholischen und den anglikanischen Kirchen ist der 28. August. In den Orthodoxen Kirchen, wo er trotz der Ablehnung mancher seiner Lehren wegen seines Lebenswandels als *Seliger Augustinus* benannt ist, ist sein Gedenktag der 15. Juni. Weitere besondere katholische Gedenktage sind *Augustinus' Bekehrung* am 5. Mai und die *Überführung der Gebeine (des Augustinus)* am 11. Oktober (in Brügge). Er gilt als der Vater und Schöpfer der theologischen und philosophischen Wissenschaft des christlichen Abendlandes und wird deshalb als „Kirchenvater" bezeichnet.

Zeitgeschichtlicher Hintergrund

Das 4. Jahrhundert, in das Augustinus hineingeboren wurde, war für das Römische Reich eine unruhige Zeit. Kaiser Konstantin der Große hatte das Christentum privilegiert und den Einfluss der traditionellen Götterkulte zurückgedrängt („Konstantinische Wende"). Konstantins Söhne, die seine Nachfolge gemeinsam im Jahr 337 antraten, mussten sich sowohl der äußeren Bedrohung durch die Germanen und das neupersische Sassanidenreich an den Grenzen erwehren als auch im Inneren für Ruhe sorgen. Zum Zeitpunkt von Augustinus' Geburt regierte Constantius II., der als einziger von Konstantins Söhnen die Machtkämpfe überlebt hatte, das Imperium. Stärker als sein Vater und seine Brüder hatte Constantius den Weg beschritten, die christliche Kirche in eine Reichskirche umzuwandeln. Gleichzeitig kam es zu heftigen theologischen Auseinandersetzungen, da Constantius dem sog. „Arianismus“ (in seiner *homöischen* Ausprägung) anhing, der besonders im Westen eher abgelehnt wurde. Am Ende hatte Constantius sein Ziel, ein einheitliches Glaubensbekenntnis für die gesamte Reichskirche zu verabschieden, nicht erreicht.[2]

In Augustinus' Jugendzeit fiel die kurze, aber bemerkenswerte Regierungszeit Julians (361–363), der als letzter Kaiser Anhänger des alten Götterglaubens war und vergeblich um dessen Erneuerung bemüht war. Die nachfolgenden Kaiser waren alle Christen, und Theodosius I. sollte das Christentum schließlich per Gesetz zur Staatsreligion erklären (380) und die heidnischen Götterkulte verbieten (391/92).[3] Als um 375 die große Völkerwanderung einsetzte, bedrängten die von den Hunnen abgedrängten Germanenstämme stärker als zuvor die Grenzen des Imperiums. 406/07 brach die Rheingrenze zusammen (siehe Rheinübergang von 406), nun stand der Westen des Reiches den Germanen offen. An seinem Lebensende sollte Augustinus noch erleben müssen, wie die Vandalen nach Africa übersetzten und Stadt um Stadt eroberten. Im Jahr 476 ging das Weströmische Reich endgültig unter (siehe auch Spätantike). Das römische Africa sollte bis zur „Reconquista“ durch den oströmischen General Belisar in den 30er Jahren des 6. Jahrhunderts für das Imperium verloren sein.[4]

Leben

Kindheit und Jugend

Augustinus wurde 354 in der nordafrikanischen Stadt Thagaste in der römischen Provinz Numidien geboren. Die Provinz erfreute sich einer relativen Sicherheit und eines gewissen Wohlstands, auch wenn der donatistische Streit für Unruhe sorgte.

Augustinus' Vater Patricius, ein kleiner Landeigentümer, war Heide; erst kurz vor seinem Tod (372) trat er zum Christentum über und ließ sich taufen. Die Mutter Monica[5] war Christin aus einer christlichen Berber-Familie. Sie hat Augustinus christlich erzogen, aber nicht taufen lassen – die Kindertaufe war damals noch nicht üblich, da die Vorstellung einer Erbsünde, von der die Taufe befreit, erst durch und nach Augustinus entwickelt wurde. Augustinus hatte einen Bruder, Navigius, und eine Schwester heute unbekannten Namens, die als Witwe Vorsteherin eines Frauenklosters wurde. Seine Muttersprache war das Lateinische; später erwarb er grundlegende Kenntnisse des Griechischen.

Augustins Beiname „Aurelius“ ist zeitgenössisch nicht bezeugt und geht wahrscheinlich auf eine spätere Verwechslung bzw. Gleichsetzung mit dem Metropoliten Aurelius von Karthago (Amtszeit: zirka 391 bis zirka 430) zurück.

Studium in Thagaste

Bis 370 besuchte Augustinus die Schule in Thagaste und die Universität der Nachbarstadt Madaura (heute Mdaourouch). Schon hier wurde, vor allem anhand Vergils, die Wort(-für-Wort)-Exegese betrieben. Ab 371 studierte er Rhetorik in Karthago.[6] In seinen späteren Texten berichtet er von jugendlichen Ausschweifungen in dieser Zeit. Er ging früh eine uneheliche Verbindung ein mit einer Frau unbekannten Namens aus Karthago (Jostein Gaarder nennt sie in seinem Buch „Vita brevis“ mit fiktiven Briefen an Augustinus „Floria Aemilia“), die 15 Jahre lang dauern sollte. Diese Lebensgefährtin gebar 372 einen gemeinsamen Sohn, der den Namen *Adeodatus* („Der von Gott Gegebene“) erhielt. [6]

In dieser Zeit war die Beschäftigung mit Ciceros Buch *Hortensius* für Augustinus bestimmend, einer (heute fast ganz verloren gegangenen) Einführung in die Philosophie. Das Buch, heute nur in Fragmenten rekonstruierbar, ermahnte im Stil des aristotelischen Protreptikos zur Philosophie. Es ergriff Augustinus beim ersten Lesen, und es blieb auf lange Zeit wirksam. Noch 386 sah er in ihm das grundlegende Buch. Cicero galt ihm als der Mann, der die Philosophie in lateinischer Sprache begründet und sogleich vollendet hatte. Es waren nicht die skeptischen Neigungen Ciceros, die ihn aufrüttelten; sie waren Augustinus, vor allem dem späten Augustinus, eher Anlass zur

Kritik. Es war auch nicht der Staatsphilosoph Cicero, der den jungen Augustinus bewegte. Das Buch Ciceros hat den 19-Jährigen moralisch erschüttert. Augustinus formulierte, Cicero habe in ihm die Liebe zur Philosophie erweckt.

Die Bibel hingegen fand er enttäuschend; insbesondere das Alte Testament stieß ihn ab, aber auch das widersprüchliche Geschlechterregister Christi befremdete ihn.

373 wandte Augustinus sich dem Manichäismus zu[6] , einer gnostischen Glaubensgemeinschaft, die sich selbst als eine radikale Form des Christentums begriff und die staatlich verboten war. Er wirkte hier als *Auditor* (als „Hörer") mit, d. h. als einfaches Gemeindemitglied mit eingeschränkten Verpflichtungen. Ab 382 begann er, sich vom Manichäismus mehr und mehr abzuwenden; 383 kam es zu einer für ihn intellektuell enttäuschenden Begegnung mit dem manichäischen Bischof Faustus von Mileve.

Ab 375 lebte Augustinus als Lehrer für Rhetorik in Thagaste. Dort kam es zu Konflikten innerhalb der Familie, als Augustinus seine Mutter zum Manichäismus zu bekehren versuchte. Im folgenden Jahr ging er als Rhetoriklehrer nach Karthago, 383 zog er nach Rom.

Professor in Mailand

384 wurde er (durch Unterstützung manichäischer Freunde in Rom und auf Empfehlung des römischen Stadtpräfekten Quintus Aurelius Symmachus) als Rhetorikprofessor nach Mailand berufen, wo der kaiserliche Hof residierte. [6] Eine seiner Aufgaben bestand jetzt darin, die öffentlichen Ehrenreden auf Kaiser und Konsuln zu halten.

Philosophisch orientierte sich Augustinus in seiner Mailänder Zeit zunächst erneut an Cicero. Durch dessen Schriften machte er sich mit dem Skeptizismus der Neuen Akademie vertraut, um von hier aus den Manichäismus zu kritisieren. 385 traf seine Mutter in Mailand ein, vermutlich zu dieser Zeit entschied er sich, Katechumene der Kirche zu werden (das Christentum war seit 380 „Staatsreligion"). Auf Drängen seiner Mutter, die für ihn eine standesgemäße Verlobung mit einem christlichen Mädchen aus wohlhabender Familie arrangiert hatte, trennte er sich im selben Jahr von seiner Lebensgefährtin, die nach Nordafrika zurückkehrte. Der gemeinsame Sohn blieb bei Augustinus. Bis zur Heiratsfähigkeit der Verlobten lebte Augustinus zwei Jahre lang mit einer anderen Frau zusammen.

In Mailand lernte er durch den dortigen Bischof Ambrosius die platonisierende Bibelauslegung kennen. Er begann, sich wieder für die Religion seiner Kindheit zu interessieren, das Christentum, und studierte die Schriften der Neuplatoniker (vermutlich ab 386), darunter wahrscheinlich Abhandlungen von Plotin und Porphyrius. Augustinus gab den Skeptizismus auf und begriff sich von nun an als Philosoph, nicht mehr als Rhetoriker; die neuplatonische Philosophie wurde für sein Denken grundlegend. Parallel hierzu studierte er die Schriften des Paulus, dessen Gnadenlehre ein Zentralstück seiner Theologie bilden sollte.

Nimm und lies (tolle lege)

Bekehrungserlebnis

Im selben Jahr geriet Augustinus in eine intellektuelle, psychische und körperliche Krise; er gab seinen Beruf auf (Conf. VIII 2,2–4). Den Wendepunkt bildete, am 15. August 386, ein religiöses Erlebnis, das meist als „Bekehrungserlebnis“ bezeichnet wird. In der Folge beschloss er, keinen Beischlaf mehr zu praktizieren, auf Ehe und Beruf zu verzichten und ein kontemplatives Leben zu führen.

Augustinus hat diese Erfahrung mehrfach beschrieben. Am berühmtesten wurde die Schilderung in den „Bekenntnissen“, am Ende des achten Buches (Conf. VIII 12,29). Sie hat in Malerei, Literatur und biographischem Schrifttum ein starkes Echo gefunden. In einem Zustand religiöser Unruhe und Ungewissheit, so schreibt er dort, verließ er das Haus, in dem er in Mailand zu Gast war, und ging, gefolgt von seinem Freund Alypius, in den Garten. Als ihm sein religiöses Elend klar wurde, brach er in Tränen aus. Er entfernte sich von Alypius, legte sich unter einen Feigenbaum, weinte und sprach zu Gott. Plötzlich hörte er eine Kinderstimme, die immer wieder rief: „Nimm und lies!“ (Tolle lege) Da er etwas Ähnliches über den Wüstenheiligen Antonius gelesen hatte, verstand er, was gemeint war: Gott gab ihm den Befehl, ein Buch aufzuschlagen und die Stelle zu lesen, auf die sein Blick als erste fallen würde. Er ging zu Alypius zurück, schlug die Paulusbriefe auf, die er bei ihm hatte liegen lassen, und las: „Nicht in Fressen und Saufen, nicht in Wollust und Unzucht, nicht in Hader und Neid, sondern ziehet den Herrn Jesus Christus an und pflegt das Fleisch nicht zur Erregung eurer Lüste.“ (*Römer* 13, 13–14). Nach dem Lesen dieser Stelle strömte das Licht der Gewissheit in sein Herz. Alypius las den darauf folgenden Vers: „Des Schwachen im Glauben aber nehmt euch an.“ (*Römer* 14,1); Alypius bezog das auf sich und schloss sich Augustinus an. Beide gingen ins Haus zu Augustinus' Mutter und berichteten ihr, was geschehen war. Die Erzählung ist, entsprechend den literarischen Gepflogenheiten der Zeit, stark stilisiert; der Rhetorikprofessor Augustinus hat in sie und andere die Lebensbeschreibung des Antonius und den Feigenbaum des Jesus-Jüngers Nathanael (*Johannes* 1, 48) eingearbeitet.

Rückzug nach Cassiciacum

Mit einigen Verwandten und Freunden zog Augustinus sich danach auf das Landgut eines Freundes in Cassiciacum zurück (möglicherweise das heutige Cassiago in der Nähe des Comer Sees); hier verfasste er zahlreiche Schriften. In der Osternacht 387 (24./25. April) ließ er sich gemeinsam mit seinem Sohn Adeodatus und seinem Freund Alypius in Mailand von Ambrosius taufen, wobei der Legende nach das gregorianische Te Deum entstanden sein soll. Die Taufe bedeutete für ihn wie für viele Christen dieser Zeit den Bruch mit der Welt. Zusammen mit Verwandten und Freunden bereitete er seine Rückkehr nach Nordafrika vor. Da der Usurpator Magnus Maximus, der mit dem im Osten regierenden Kaiser Theodosius I. im Krieg lag, mit seiner Flotte die römischen Häfen blockiert hatte, blieb die Reisegruppe in der römischen Hafenstadt Ostia hängen. Augustinus' Mutter Monica starb hier 387. Erst gegen Ende 388 erreichte Augustinus Karthago.

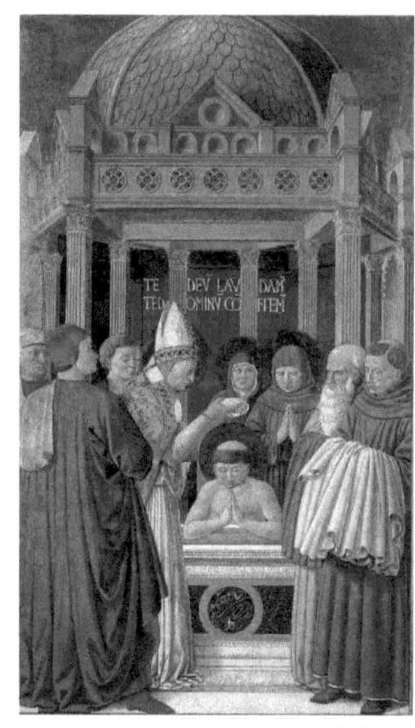

Augustinus wird von Ambrosius von Mailand getauft

Bereits bei der Ankunft gehörten er und Alypius zur Gruppe der „Gottesdiener" (*servi Dei*), getaufte Laien, die beschlossen hatten, ein Leben in Vollkommenheit zu führen. Die Gruppe ließ sich auf Augustins Familienbesitz in Thagaste nieder, wo Augustinus weitere zwei Jahre lang sein kontemplatives Leben führte; in dieser Zeit starb sein Sohn Adeodatus, an den sich seine Schrift *Über den Lehrer* (*De magistro*) von 389 gewendet hatte. Augustin verfasste hier die erste seiner zahlreichen dogmatischen Streitschriften gegen konkurrierende christliche Strömungen, den *Genesiskommentar gegen die Manichäer*.

Klostergründer und Bischof in Hippo

391 ging er nach Hippo, um für die „Gottesdiener" ein Kloster zu gründen; er besuchte eine Predigt des Bischofs Valerius von Hippo und wurde bei dieser Gelegenheit von der anwesenden Gemeinde gedrängt, dem Bischof zu versprechen, sich zum Priester weihen zu lassen; die Weihe wurde noch im selben Jahr vollzogen. Valerius stellte Augustinus ein Grundstück zur Verfügung, auf dem dieser das erste Kloster auf afrikanischem Boden gründete. 394 weihte Valerius ihn zum Hilfsbischof, der den Bischof zunehmend als designierter Nachfolger vertrat. Nach dem Tode des Valerius wurde Augustinus 396 Bischof von Hippo, eine Position, die er bis zu seinem Lebensende innehatte. Mit dem kontemplativen Leben war es vorbei, als Bischof musste er predigen und sich mit Fragen des Rechts und der Verwaltung beschäftigen. Er führte weiterhin ein Leben in Armut und warf sich mit Eifer auf die Bekämpfung der konkurrierenden christlichen Strömungen: des Manichäismus, des Donatismus und des Pelagianismus. Und er diktierte Buch auf Buch; am Ende seines Lebens waren es mehr als 100 Werke. 396/397 entwickelte er erstmals seine Gnadentheologie; die autobiographischen *Bekenntnisse* (*Confessiones*) schrieb er 397/398; an der Schrift *Über die Dreieinigkeit* (*De trinitate*), einem seiner Hauptwerke, arbeitete er von 399 bis 419.

Durch seine Vorkämpferstellung im Konflikt mit den Donatisten, zu deren Verfolgung und Bekehrung er sich auch staatlicher Gewalt bediente, wurde Augustinus zur wichtigsten Führungsfigur der Kirche in Nordafrika. Auch den römischen Bischöfen gegenüber betonte Augustinus die Eigenständigkeit der nordafrikanischen Kirche. Unter anderem als Reaktion auf die Eroberung Roms durch die Westgoten 410 verfasste er die Schrift *Über den Gottesstaat* (*De civitate Dei*), an der er von 413 bis 426 arbeitete; er entwickelt hier die für Jahrhunderte gültige Unterscheidung zwischen irdischem Staat und Gottesstaat (*civitas terrena* und *civitas Dei*) und widersprach der verbreiteten Auffassung, dass der Fall Roms auch den göttlichen Heilsplan in Frage stelle.

Augustinus starb 430 während der Belagerung Hippos durch die Vandalen (zum geschichtlichen Zusammenhang vgl. den Feldherrn Bonifatius, der auch mit Augustinus bekannt war, und Spätantike). Seine Gebeine befinden sich heute in der Kirche *San Pietro in Ciel d'Oro* in Pavia/Norditalien.

Philosophie

Augustinus' Philosophie hat auch im Mittelalter nachgewirkt. Besonders erwähnenswert sind die folgenden Themen:

Wahrheitsbegriff

Der zunächst vom Skeptizismus geprägte Augustinus beschäftigte sich zeitlebens mit dem Problem der Wahrheit. Bei der Lösung nimmt er René Descartes' *cogito ergo sum* voraus, indem er die Unzweifelhaftigkeit der Existenz des Denkenden feststellt:

> *„wird jemand darüber zweifeln, dass er lebt, sich erinnert, Einsichten hat, will, denkt, weiß und urteilt? […] Mag einer auch sonst zweifeln, über was er will, über diese Zweifel selbst kann er nicht zweifeln“* (*De trinitate* X, 10)

Er fasst es kurz zusammen mit *si enim fallor, sum*: „Denn (selbst) wenn ich *irre*, so *bin* ich (doch).“

Wahrheit ist für ihn immer notwendig und ewig. Als Vorbild dienen ihm die idealen Wahrheiten der Mathematik, da die Sinneswahrnehmungen wegen ihrer Unzuverlässigkeit und der Wandelbarkeit der äußeren Welt diese Eigenschaften nicht aufweisen. Da die Quellen der Wahrheit also nicht dort liegen können, sucht Augustinus sie im menschlichen Geist selbst:

> *„Suche nicht draußen! Kehre in dich selbst zurück! Im Innern des Menschen wohnt die Wahrheit. […] [D]er Verstand schafft die Wahrheit nicht, sondern findet sie vor.“* (*De vera religione* 39, 72f.)

Der Grund aller Wahrheit sind bei Augustinus die ewigen Ideen in Gottes Geist. Gott selbst ist die Wahrheit. Wie bei Platon haben auch bei Augustinus die Urbilder den ontologisch höchsten Status. Verfügbar wird die Wahrheit für den Menschen nun in der vermittelten Erleuchtung des Geistes durch Gott (Illuminations- bzw. Irradationstheorie). Der göttliche Geist (*mundus intelligibilis*) „strahlt“ diese Ideen und Regeln direkt in den menschlichen Geist „ein“; die Wahrheit findet sich also nicht außerhalb des Menschen, sondern im Menschen selbst vor. Die genaue Deutung dieser Theorie bleibt umstritten, doch scheint Augustinus einen gemäßigten erkenntnistheoretischen Apriorismus zu vertreten.

Zeitauffassung

> *„Was also ist die Zeit? Wenn niemand mich danach fragt, weiß ich's, will ich's aber einem Fragenden erklären, weiß ich's nicht.“* (*Confessiones* lib. 11; ebenso die folgenden Zitate)

Augustinus spricht über drei Zeiten: Gegenwart des Vergangenen, Gegenwart des Gegenwärtigen und Gegenwart des Zukünftigen. Vergangenheit, Gegenwart und Zukunft als solche existieren nach Augustinus nicht:

> *„Wie kann man sagen, dass [die vergangenen und zukünftigen Zeiten] sind, da doch die vergangene schon nicht mehr und die zukünftige noch nicht ist? Die gegenwärtige aber, wenn sie immer gegenwärtig wäre und nicht in Vergangenheit überginge, wäre nicht mehr Zeit, sondern Ewigkeit.“*

Vielmehr ist die Vergangenheit eine Erinnerung in der Gegenwart, und die Zukunft eine Erwartung in der Gegenwart, während die Gegenwart selbst, ein aus der Zukunft in die Vergangenheit an unserem Geiste vorüberziehender Moment ist. Wir messen die Zeit anhand eines

> *„Eindruck[s], den die vorübergehenden Dinge [in unserem Geiste] hervorbringen und der bleibt, wenn sie vorübergegangen sind, ihn, den gegenwärtigen, [messen wir], nicht was vorübergegangen ist und ihn hervorgebracht hat.“*

Das augustinische Zeitverständnis beinhaltet damit eine subjektive Komponente der Zeit, da wir die vergangene Zeit als Eindruck nur in unserem Geiste messen können, wir also in uns verschiedene erlebte Zeiträume miteinander vergleichen und dadurch immer zu subjektiven Aussagen gelangen müssen, so kam uns zum Beispiel jene Zeit länger vor, als eine andere. Zukünftige Dinge können wir nicht messen, da wir noch nichts über sie aussagen können, erst wenn sie an uns vorüberziehen und wir dadurch einen Eindruck gewonnen haben, können wir für uns entscheiden, ob jener Eindruck länger oder kürzer war. Dennoch ist Augustinus kein reiner Zeitsubjektivist, da für ihn die Zeit immer noch untrennbar mit den Dingen und der Welt verbunden sind:

> *„Ginge nichts vorüber, gäbe es keine vergangene Zeit; käme nichts auf uns zu gäbe es keine zukünftige Zeit; wäre überhaupt nichts, gäbe es keine gegenwärtige Zeit."*

Auch ist für Augustinus Zeit real und keine reine Ichzeit, da Gott sie geschaffen hat. Augustinus Zeitbegriff ist also subjektimmanent aber nicht rein subjektiv.

Trotzdem steht dieses Verständnis im krassen Gegensatz zu der platonischen objektiven Zeitauffassung, in der die Zeit die Bewegung von Himmelskörpern ist, so ist zum Beispiel die Vollendung eines Tages die Bewegung von Sonnenaufgang bis Sonnenuntergang. Dagegen führt Augustinus an, dass

> *„wenn sich ein Körper bewegt, [wir mit der Zeit messen], wie lange er sich bewegt, und zwar vom Anfang bis zum Ende seiner Bewegung, [...] denn ein Körper bewegt sich nur in der Zeit"*

und stellt diese selbst nicht dar. Und auch wenn sich ein Körper nicht bewegt, sind wir doch in der Lage seinen Stillstand zu messen und etwas über die Dauer seines Stillstandes auszusagen, genau deshalb kann Bewegung nicht gleich Zeit sein.

Theologie

Trinität

Sein dogmatisches Hauptwerk sind die 15 Bücher *De trinitate* (*Über die Dreieinigkeit*). Einen Unterschied zwischen den einzelnen Personen, die er gleich ewig, gleich vollkommen und gleich allmächtig sieht, verneint Augustinus nicht; er will zwar nicht Modalist sein, nähert sich dem Modalismus aber stark an. Die Personen betrachtet er vor allem als „Relationen" innerhalb des göttlichen Wesens.

Die Lehre des Ausgangs des Geistes aus Vater und Sohn hat er erstmalig vorgetragen. Später führte diese Aussage zum Filioque-Streit.[7]

Seine Lehre lieferte noch nach seinem Tod einen entscheidenden Beitrag zum Konzil von Chalcedon (451), da Papst Leo der Große in seinem Tomus an die Versammlung eine christologische Schlüsselaussage machte, die von Augustinus stammte: „zwei Naturen in einer Person", Jesus sei also Gott und Mensch zugleich.

Vom Prämillenarismus zum Amillenarismus

Augustinus ist ein Vertreter des Amillenarismus und sprach sich gegen den bis dahin weit verbreiteten Prämillenarismus aus, der die frühe Eschatologie prägte.

Zunächst dachte er in damaliger dispensationalistischer Sicht von 5000 Jahren von Adam bis zur Fleischwerdung Christi,[8] an der sich das 1000-jährige Reich anschließt. Dann argumentierte er, unter Einfluss der aufkommenden allegorischen Auslegung, es gäbe doch kein irdisches 1000-jähriges Reich für Israel, sondern dass dies „symbolisch" als himmlische „Ewigkeit" betrachtet werden müsse, weil die Aussicht auf fleischliche Genüsse und Schlemmereien, in einem irdischen Reich, von einem ernsthaften Einhalten der kirchlichen Gebote abhalten würde. Die 1000 Jahre bezog er stattdessen auf den Zeitraum zwischen Jesu erstem und zweitem Kommen,[9]

Die Verheißungen des Reiches dürften nicht mehr auf Israel angewendet werden, sondern würden sich schon jetzt innerhalb der Kirche erfüllen (Substitutionstheologie).

Durch Augustinus verbreitete sich der Amillenarismus in der westlichen Kirche, musste aber neu (allegorisch) interpretiert werden, als 1000 n. Chr. Jesus Christus nicht erschien. (Mehr dazu in Millenarismus).

Prädestination

Augustinus ist als ein Vertreter der Prädestination bekannt, in der der Mensch zum ewigen Leben von Gott vorherbestimmt ist. In seinem Spätwerk *Vom Gottesstaat* (*De civitate Dei*) geht er vor der Schaffung des Menschen von zwei Engelsstaaten aus, dem Staat der bösen Engel (*civitas diaboli*) und dem Staat der guten Engel (*civitas dei*), einige der Engel haben sich „grundlos" von Gott „abgekehrt" und sind böse geworden. Nach Schaffung des Menschen wurden diese beiden Staaten in den irdischen Staat (*civitas terrena*) und den Gottesstaat (*civitas coelestis*) übergeleitet, wiederum in dualistischer Ausrichtung. Nach dem jüngsten Gericht schließt sich der Kreis; am Ende gibt es wieder zwei Staaten: *Civitas Mortalis*, d. h. die Höllenstrafe in Ewigkeit und auf der anderen Seite *Civitas Immortalis*, die ewige Herrschaft mit Gott (Himmel). Die Anzahl der Menschen, die in den Himmel kommen, entspreche dabei genau der Anzahl der abgefallenen Engel, so dass der Ausgangszustand wieder hergestellt ist:

> „Das andere vernunftbegabte Geschöpf, der Mensch, der durch ererbte und eigene Sünden und Strafen ganz verlorengegangen war, sollte aus seinem wiederhergestellten Teil ergänzen, was der Fall der Dämonen der Gemeinschaft der Engel genommen hatte." [10]

Sein Begriff des Gottesstaates wurde später lange Zeit in dem Sinne interpretiert, dass der Gläubige nur durch Gehorsam gegenüber der Kirche der Hölle entfliehen könne und trug so zur großen Macht der Kirche im Mittelalter bei. Die doppelte Prädestination mit ihrer impliziten Ablehnung des freien Willens zur Entscheidung für Gott oder gegen ihn durch den Menschen und die Souveränität des nicht rechenschaftspflichtigen Gottes hat einen sehr großen Einfluss auf Calvin und die Abfassung der so genannten 5 Punkte der calvinischen Kirchen (englisch TULIP) ausgeübt. Katholiken und Arminianer lehren dagegen ungeachtet der unterschiedlichen Auffassungen zur Rechtfertigung des Menschen für das ewige Leben (Werke, durch Glaube bewirkte Werke, Glauben) freien Willen des Menschen und Ablehnung zumindest der doppelten Prädestination.

Die Auffassung der beiden *civitates* hatte einen bedeutenden Einfluss auf die mittelalterliche Zwei-Schwerter-Theorie und auf die Zwei-Reiche-und-Regimenten-Lehre der lutherischen Reformation.

Erbsündenlehre, Freier Wille

Augustin führte eine große Auseinandersetzung mit Pelagius, der die Theorie des freien Willens vertrat und Augustinus vorwarf, noch in den Schlingen des Manichäismus verfangen zu sein. Pelagius wurde zwar 418 im Sinne von Augustinus verurteilt, fand aber seinen Nachfolger in Julianus von Eclanum. In dieser noch heftigeren Auseinandersetzung entwickelte Augustinus die Lehre der Erbsünde. Augustinus hat dabei die Interpretation von Römer 5:12 (eph'ho pantes hemarton) übernommen, die Hilarius eingeführt hat: „*In* ihm [Adam] haben alle gesündigt", so als wären alle in Adam enthalten gewesen (*quasi in massa*). Diese augustinische Interpretation des Pronomens επι (epì) ist philologisch fraglich (denn es heißt dort tatsächlich: „aus" (=weil) ihm sündigten alle) und auch theologisch umstritten. Seine Interpretation wird darauf zurückgeführt, dass er das biblische Griechisch nur wenig beherrschte. Im Gegensatz zu Pelagius meinte Augustinus, dass die Erbsünde physisch übertragen wird (*Concupiscentia carnalis* = fleischliche Begierde, Fleischeslust). Augustinus argumentierte, dass nur diejenigen, die völlig unverdient die Gnade Gottes erhielten, dieser Erblast entkommen können und ewiges Leben erhalten würden. Für Augustinus war klar, dass

> „Gott im Herzen der Menschen wirkt, um ihren Willen dahin geneigt zu machen, wohin immer er will: entweder zum Guten gemäß seiner Gnade oder zum Bösen nach ihren bösen Verdiensten".

Und er lehrte, dass von der Minderheit, die der Hölle entgehe, nur wenige einer schmerzlichen Läuterung nach dem Tod entrinnen würden.

Höllenlehre

Augustinus war daher der bedeutendste Vertreter der Ansicht, dass man in einer Hölle endlose Qualen leiden muss. Stellen wie Mt 25,46 [11] legte er so aus, dass das äonische (*aeternam*) Leben wie auch die äonische Strafe endlos sein müsse:

> „Ist beides ewig, so ist unweigerlich auch beides entweder langwährend, aber endlich, oder beides ist immerwährend und endlos." (Andere Theologen sahen das äonische Leben tatsächlich nur auf wenige aufgabenbelegte Äonen begrenzt.)

Auch auf die Frage der Unverhältnismäßigkeit einer endlosen Strafe für eine einzige falsche Entscheidung fand er eine Antwort. Er hielt dafür, dass der Mensch durch die Erbsünde „ewiges Übel" verdiene für den größten Frevel durch Adam, der im Garten Eden passiert sei (andere Theologen sagten dazu, dass Gott die Sünde zur Erkenntnis des Guten wollte). Augustinus stritt auch ab, dass ein Gericht reinigenden Charakter haben könne, sondern dass es allein strafend sei. Er lehrte, dass jemand, der vor seinem Tode Gott abgewiesen habe, dies auch nach dem Tod tun würde, da er sich nicht bessern könne (andere Theologen sagten dazu, dass Gott alles bewirken könne, auch das).

Damit grenzte sich Augustin ebenso wie Johannes Chrysostomos und ältere Kirchenlehrer wie Ambrosius von Mailand oder Hieronymus oder Hippolyt von Rom, der Zeitgenosse von Origenes, stark von Origenes' Lehre der Apokatastasis ab. Augustinus Argumentationsmuster hatte einen großen Einfluss auf die westliche Theologie bis zur Gegenwart.

Fegefeuer

Neben Gregor dem Großen wird vor allem Augustinus zugeschrieben, die Lehre vom Fegefeuer systematisiert und ihr einen Platz in der katholischen Kirche verschafft zu haben. Er entfaltete sie in seinem Werk *Vom Gottesstaat* [12] und stellt in seinen *Bekenntnissen* [13] einen Bezug zwischen ihr und den Gebeten für die Toten her. Sowohl er, als auch Gregor interpretieren die „Flammen" in 1 Kor 3,11-15 [14] so, dass sie züchtigen und somit zur Besserung dienen,[15] was in einem merkwürdigen Widerspruch zu seiner Annahme steht, dass seine „Flammen der Hölle" nicht reinigend sein können. Mt 12,31 [16] legt er so aus, dass Gott über den Tod hinaus Sünden vergibt.

Antijudaismus

In seiner Kampfschrift *Gegen die Juden* griff Augustinus die Juden sowohl in ihrer Lebensführung wie auch theologisch an. Für Augustinus waren Juden bösartig, wild und grausam, er vergleicht sie mit Wölfen, schimpft sie „Sünder", „Mörder", „zu Essig ausgearteter Wein der Propheten", „eine triefäugige Schar", „aufgerührter Schmutz". Sie seien des „ungeheueren Vergehens der Gottlosigkeit" schuldig. Das Alte Testament sprach er ihnen ab: „Sie lesen es als Blinde und singen es als Taube", verneinte nicht nur ihre „Auserwählung", sondern sogar das Recht, sich noch „Juden" zu nennen. Als erster Theologe legt er auch den Juden seiner Zeit Jesu Tod zur Last, was wieder ihre ewige Knechtschaft bedinge, ihre *perpetua servitus*. 1205 wird dieser Gedanke von Papst Innozenz III. aufgenommen und geht 1234 in die Dekretensammlung Gregors IX. ein.

Die Juden hatten in Augustinus' Augen aber auch eine positive Funktion für das Christentum, weil sie, indem sie *nicht* an die biblischen Prophezeiungen über Jesus glaubten, gerade deren Echtheit bezeugten; „und eben wegen dieses Zeugnisses, das sie uns wider Willen leisten dadurch, dass sie die Texte besitzen und bewahren, sind sie selbst über alle Völker hin verstreut, soweit sich die Kirche erstreckt." [17] Weil sie als Zeugen für die Kirche nötig und von Gott vorgesehen seien, dürfe man sie nicht töten, sie trügen ein Kainsmal auf der Stirn.[18]

Pascal plante Augustinus' Argumentation im Kapitel *Beweise für Jesus Christus* seiner *Apologie der christlichen Religion* heranzuziehen, er notiert in den *Pensées*: „(...) und es (das jüdische Volk) muß weiterbestehen, um ihn zu beweisen, und es muß im Elend sein, weil sie ihn gekreuzigt haben".[19]

Auseinandersetzung mit den Donatisten

Augustinus verurteilte scharf die Abspaltung der Donatisten von der römischen Kirche. In seinen Augen hatten sie damit das „Verbrechen des Schismas" begangen, sie seien daher nichts als „Unkraut", „Tiere":

> „Diese Frösche sitzen im Sumpf und quaken: «Wir sind die einzigen Christen!»" doch: „Mit offenen Augen fahren sie zur Hölle hinab".

Im Jahr 411 kam es zu einem „Religionsgespräch", der sogenannten *collatio*, in deren Folge der Einfluss der Donatisten abnahm. Da die Gewaltbereitschaft der Donatisten zunahm, befürwortete er, diesem Übel durch harte Strafen, striktes polizeiliches Durchgreifen und Verbot des Zugangs zu Gerichten ein Ende zu machen.

Augustinus verwendete als Rechtfertigung einen Satz aus dem Gleichnis Jesu: „Nötige die Leute hereinzukommen" (Lk 14,23 [20]), was in der lateinischen Übersetzung Vulgata mit „zwingt sie einzutreten" (*conpelle intrare*) übersetzt ist (Lk 14,23 [21]). „Duldung" bezeichnete Augustinus in diesem Zusammenhang nur als „unergiebig und nichtig" (*infructuosa et vana*) und begrüßte die „Bekehrung" vieler „durch heilsamen Zwang" (*terrore perculsi*). In jahrelangen Pogromen wurden die Donatisten durch den römischen Staat durch Enteignung, Verlust des Erbrechts und Verbannungen des Klerus aus Afrika „genötigt". 411 belegte Honorius die Donatisten mit Geldbußen, die 414 für hochrangige Römer erhöht wurden, und ließ ihre Bischöfe und Priester aus Afrika verbannen. 420 erscheint Augustinus' letzte antidonatische Schrift *Contra Gaudentium*.

Diese Befürwortung der Gewalt Häretikern und Schismatikern gegenüber wurde bei der Einführung der Inquisition im Mittelalter als willkommene Rechtfertigung ihrer Vorgangsweise angesehen.

Die Lehre vom gerechten Krieg

Nachdem die Stadt Rom Im Jahre 410 von den Westgoten (danach wieder 455 von den Vandalen und 472 von den Burgunden) geplündert wurde, kamen viele Flüchtlinge aus Rom in die nordafrikanischen Provinzen, die damals für sicher vor Einfällen von germanischen „Barbaren" galt. Seit der Christianisierung Roms hatten sich aber immer weniger römische Staatsbürger zur Verteidigung Roms bereit erklärt und im Heer mussten germanische Söldner aufgenommen werden. Zugleich gab es nach wie vor eine kulminierende Skepsis von Teilen der Elite gegen die Verchristlichung des Reiches. Noch um 410 bekannte sich ein (allerdings abnehmender) Teil der gesellschaftlichen Elite zum traditionellen Götterglauben, wenngleich dies nicht selten auf eine konservative Grundhaltung und weniger aus religiöser Überzeugung geschah.[22] Gegen diese Reaktion auf die Zeitumstände schrieb Augustinus sein Buch *De civitate Dei*, in dem er seine damals für unpassend gehaltene Friedenstheorie, eingebaut in philosophische und theologische Überlegungen, rechtfertigte, wonach nicht der Krieg, sondern der Friede das eigentliche Gesetz der Natur sei. Bedrängt durch weitere bedrohliche Zeitumstände, die auch die Sicherheit Nordafrikas in Frage stellten (kurz nach seinem Tod wurde auch Hippo von den Vandalen erreicht), versuchte Augustinus daneben, diese Lehre mit der Rechtfertigung von Verteidigungskriegen zu verknüpfen, so dass er jene Thesen formulierte, auf welchen aufbauend die bekannte, von Thomas von Aquin und anderen weiterentwickelte Lehre vom „gerechten Krieg" (lat. *bellum iustum*) entstanden ist. Anknüpfend an die schon bei Cicero bestehenden Ansätze hob er deutlich hervor, dass ein gerechter Krieg, der von einer legalen Obrigkeit erklärt werden müsse, nur die Verteidigung der legitimen, vom Angreifer verletzten Rechte zum Ziel haben und kein größeres Elend hervorrufen dürfe, als er beseitige. Augustinus, der betonte, jeder Krieg entstehe durch einen ungerechten und inhumanen Angriff, wer aber einen gerechten Krieg führen müsse, solle darüber trauern, ihn führen zu müssen, versuchte dennoch folgenden (folgenschweren) Kompromiss:

> „Krieg zu führen und durch Unterwerfung der Völker das Reich zu erweitern, erscheint den Bösen als Glück, den Guten als Zwang. Aber weil es schlimmer wäre, wenn die Ungerechten über die Gerechten herrschten, so nennt man nicht unpassend auch jenes ein Glück".

Diese Aussage wurde – häufig unberechtigt – aufgrund der weiten Interpretationsmöglichkeit in der Folge zur Rechtfertigung von Kriegen verschiedener Art verwendet.

Die Kirche als Mittler

Schon vor der Zeit des Augustinus begann die Kirche, sich neu zu organisieren, nachdem sie unter Kaiser Konstantin im Oktober 312 zunächst anerkannt worden und nach der „Konstantinische Wende“ zur Staatsreligion aufgestiegen war. Daher wurde es auch wichtig, eine diesen neuen Verhältnissen gemäße Kirchenlehre (Ekklesiologie) zu entwickeln. So schrieb Augustinus:

> „Ich würde nicht einmal dem Evangelium trauen, wenn mich die Autorität der Kirche nicht dazu bewegen würde“.[23] – „Nichts Heilsameres geschieht in der Kirche, als dass die Autorität den Vorrang hat“.[24]

Augustinus' Ekklesiologie kam zu dem Schluss, dass der Kirche Interpretationshoheit und Mittlercharakter zukommen müsse. Ausgeschlossen ist für ihn, dass der Mensch durch das glaubende Aufnehmen von Bibelworten allein als Individuum ohne die Organisation Kirche selig und gläubig werden kann. Zudem war durch die von Augustinus angewandte allegorische Bibelauslegung eine normierende Instanz nötig, die festlegt, welche der vielen möglichen Auslegungen die offizielle ist. Lehren, die in Konzilen unter Hoheit der Kirche festgelegt wurden, nehmen daher den gleichen Stellenwert wie die Glaubenstradition und der Bibeltext ein und vertreten den Anspruch, die allein richtige Sicht des Glaubens wiederzugeben. Will man „recht“ glauben, müsse man den Lehren der Kirche glauben.

Mit diesem dogmatischen Ansatz wurde Jesus Christus als alleiniger Mittler zwischen Gott und dem einzelnen Menschen zwar theoretisch beibehalten, jedoch die Kirche als „Heilsorganisation“ als ebenso unverzichtbar für das persönliche Heil des Einzelnen danebengestellt.

Kirche der Sünder

Gegenüber der Lehre der Donatisten, die von einer reinen bilderstürmerischen Kirche der Heiligen ausgehen, sieht Augustinus die Kirche als eine Gemeinschaft, die voll von Sündern ist. Er stellt sie als den Acker, auf dem Weizen und Unkraut wachsen, als die Traube, die Schale und Saft vereint, als Tenne, auf der Weizen und Spreu noch nicht gesondert sind, als Menschen, der noch des sterblichen Leibes Schwachheit trägt, um nur einige Bilder aus der reichen Fülle herauszugreifen, die hier zu nennen wäre. Darüber hinaus meldet er der donatistischen Heiligkeitsforderung gegenüber an, dass auch die Heiligen, solange sie im Leibe leben, der Sünde unterworfen bleiben, auch wenn es sich nur um geringe Verstöße handelte.[25]

Augustinus und Ordensgemeinschaften

Augustinus war neben seiner Theologie auch als Bischof maßgeblich an der inneren Reorganisation der Kirche beteiligt. So hat er eine Regel für Frauen und Männer aufgestellt, die bis heute, in einer überarbeiteten Version, von verschiedenen Orden als Augustinusregel verwendet wird.

Augustinus hat auch eine Gruppe von Klerikern (Priester, Diakone ...) um sich versammelt, die ein gemeinsames Leben führten und so zu den ersten Kanonikern wurden. Die Kanoniker des Augustinus waren, wie damals üblich, zum Enthaltsamkeitszölibat angehalten, was durch das gemeinsame Leben unterstützt wurde.

Nachdem im Frühmittelalter die Regel des Benedikt von Nursia weite Verbreitung gefunden hatte, und die augustinische Ordnung kaum bekannt war, wurden im Hochmittelalter, vor allem zur Zeit der Gregorianischen Reform (Papst Gregor VII.) und des Investiturstreits, Ideen und Vorstellungen des Augustinus wieder verwendet. Diese beeinflussten nicht nur das Leben der Regularkanoniker (siehe auch Augustiner-Chorherren), sondern insbesondere auch Teile der in jener Zeit entstehenden Bettelorden (zum Beispiel Augustiner-Eremiten, Dominikaner, Mercedarier).

Augustinus überreicht dem hl. Norbert von Xanten seine Regel, um 1140

Kritik

Einige Historiker und Theologen wie Alfred Adam und Wilhelm Windelband vertreten die Ansicht, dass Augustinus bei der Entwicklung seiner Lehren stark vom Manichäismus und Neuplatonismus beeinflusst war und viele seiner Ideen daher biblisch nicht haltbar seien. Sie führen Lehren wie den starken Dualismus an, der auch im Manichäismus vorherrscht (Staaten des Guten und Bösen im *Gottesstaat*), die Fegefeuerlehre (Inkarnation der „Hörer"), die Höllenlehre, die Erbsündenlehre, die Lehre der doppelten Prädestination (*electi*, *auditores* und Sünder), den Kreislauf (zwei Staaten zu Anfang und zum Ende) und die Körper- und Sexualfeindlichkeit. Insgesamt hätte Augustinus nach Ansicht dieser Kritiker die Überzeugungen des Urchristentums fast bis zur Unkenntlichkeit deformiert.

Der Theologe David Edwards bezweifelt, dass Augustinus dem Gottesbild Jesu Christi gerecht werde, da seine (im Alter zunehmend negative) Einschätzung der überwiegenden Zahl der Menschen als „massa damnata" nicht erkläre, wie dann der Erlöser, der doch einen von Mitleid erfüllten Vater-Gott repräsentiere, „Freund der Sünder" genannt werden könne.

In einer Polemik [26] deutet der Psychoanalytiker Tilmann Moser die teilweise leibfeindlichen, der Erbsündenlehre verpflichteten Jugenderinnerungen in den „Bekenntnissen" als Ausdruck eines neurotischen Schuldgefühls und einer damit zusammenhängenden Verschmelzungssehnsucht mit Gott, die bis heute bei unzähligen Gläubigen belastend fortwirken.

Musiktheorie

Augustinus' frühe Schrift *De musica*, deren Hauptteil (Buch I-V) er noch während seiner Tätigkeit als Rhetoriklehrer verfasste, ist ein herausragendes musiktheoretisches Werk über den Rhythmus. Es ist in Dialogform geschrieben und entwickelt eine originelle deduktive Rhythmustheorie in einer neu-pythagoreischen Methode. Seine Schrift geht weit über die Vorlagen der lateinischen Metriker hinaus und steht in der lateinischen Antike singulär da. Sie enthält unter anderem die früheste Theorie über Takt, Pausen und Synkopen. Einen angekündigten zweiten Teil über die Harmonik führte er nicht aus.

Nachwirkungen

Die Wirkungsgeschichte von Augustinus wird insbesondere in der Geschichtswissenschaft und Philosophie unter dem Stichwort Augustinismus beschrieben.[27]

Hannah Arendt schrieb ihre Doktorarbeit über den *Liebesbegriff bei Augustin.*[28]

Die Kirchenoper „Augustinus" des Komponisten Wilfried Hiller und des Librettisten Winfried Böhm stellt Jugend und Bekehrung des Heiligen Augustinus dar.[29]

In der bildenden Kunst, besonders in der christlichen Ikonographie, ist Augustinus in zahlreichen Werken verewigt. Seine Erkennungszeichen sind oft ein Buch, ein flammendes Herz oder ein wasserschöpfendes Kind.

Der norwegische Bestsellerautor Jostein Gaarder veröffentlichte 1997 in seinem Roman „Das Leben ist kurz – Vita Brevis" einen (fiktiven) lateinischen Brief der ehemaligen Geliebten Floria an Augustinus. In ihm nimmt sie Stellung zu seinen „Bekenntnissen" und beklagt die darin enthaltene körper-, sinnes- und frauenfeindliche Haltung des Kirchenlehrers und hinterfragt deren Sinnhaftigkeit.

Begründet durch die Brautradition vieler Orden gilt Augustinus als Schutzpatron der Bierbrauer.

Außerdem ist er Namenspatron der deutschen Stadt Sankt Augustin.

Werke

Autobiographische Schriften

- *Confessiones* (dt. *Bekenntnisse*) – Autobiographische Betrachtungen
- *Retractationes* (dt. *Überarbeitungen*) – enthält nachträgliche Korrekturen und Anmerkungen zu seinen früheren Schriften

Philosophische Schriften

- *De musica*
- *De civitate Dei* (dt. *Vom Gottesstaat*)
- *De trinitate* (dt. *Über die Dreifaltigkeit*) – fünfzehnbändiges **Hauptwerk**
- *De beata vita* (dt. *Über das Glück*) – Über den Zusammenhang zwischen Glück und Gottesbegegnung
- *De magistro* (dt. *Über den Lehrer*) – Zur Bedeutung der Sprache
- *De vera religione* (dt. *Über die wahre Religion*) – Zur Bedeutung der christlichen Religion
- *Soliloquia* (dt. *Selbstgespräche*) – Zur rationalen Selbsterkenntnis
- *De immortalitate animae* (dt. *Von der Unsterblichkeit der Seele*)
- *De doctrina christiana* (dt. *Über die christliche Bildung*)
- *De libero arbitrio* (dt. *Der Freie Wille*) – erläutert die Willensfreiheit

Theologisch bedeutende Texte

Der Legende nach sollen Augustinus und Ambrosius von Mailand gemeinsam das Te Deum getextet und komponiert haben. Als Augustinus als Erwachsener das Sakrament der Taufe empfing, soll Ambrosius diesen Hymnus angestimmt haben. Augustinus soll versweise darauf geantwortet haben.

Literatur

Primärtexte

- Die vollständigste, aber unkritische Edition sind nach wie vor die Bde. 32-47 in J. P. Mignes Patrologia Latina (Paris 1844–1864).
- Kritische Textausgaben erscheinen in folgenden Reihen:
  - Corpus Scriptorum Ecclesiasticorum Latinorum (CSEL), Wien: Tempsky, 1865ff.
  - Corpus Christianorum, Series Latina (CCL), Turnhout: Brepolis, 1953ff.
  - Bibliotheque Augustinenne (BA), Oeuvres de Saint Augustin, Paris: Desclee De Brouwer, 1949ff.
  - Nuova Biblioteca Agostiniana (NBA), Opera de S. Agostino, edizione latino-italiana, Rome: Citta Nuova 1965ff.
  - Tübinger Augustinus-Zentrum (J. Brachtendorf, V. Drecoll, außerdem C. Horn, Th. Fuhrer) (Hgg).: Lateinisch-deutsche Gesamtausgabe in 130 Bänden, Werkübersicht [30]
- Auswahl deutscher Einzelübersetzungen:
  - *De trinitate.* Hrsg. von Johann Kreuzer. Philosophische Bibliothek, Band 523. Meiner, Hamburg 2003, ISBN 978-3-7873-1651-9
  - *Was ist Zeit?* Lateinisch-deutsch, eingeleitet, übers. und mit Anmerkungen versehen von Norbert Fischer. Philosophische Bibliothek, Band 543. Meiner, Hamburg 2002, ISBN 978-3-7873-1609-0
  - *De musica.* Eingeleitet, übers. und mit Anmerkungen versehen von Frank Hentschel. Philosophische Bibliothek, Band 593. Meiner, Hamburg 2003, ISBN 978-3-7873-1657-1
  - *Suche nach dem wahren Leben.* Confessiones X / Bekenntnisse 10 ; lateinisch-deutsch, eingeleitet, übers. und mit Anmerkungen versehen von Norbert Fischer. Philosophische Bibliothek, Bd. 584. Meiner, Hamburg 2006, ISBN 978-3-7873-1808-7
  - *Augustinus - Confessiones - Bekenntnisse*; lateinisch-deutsch, eingeleitet, übersetzt und erläutert von Joseph Bernhart, 4. Aufl., Darmstadt 1980, Wissenschaftl. Buchgesellschaft, auch in einer Neuauflage Frankfurt/Main 2007. Interessant ist hier die Angabe der Bibelstellen (im Text am Rand), die Augustinus verarbeitet.

Philosophiebibliographie: Augustinus – Zusätzliche Literaturhinweise zum Thema

- Johannes Brachtendorf: *Die Struktur des menschlichen Geistes nach Augustin. Seelenreflexion und Erkenntnis Gottes in „De trinitate".* Meiner, Hamburg 2000.
- Peter Brown: *Augustinus von Hippo. Eine Biographie.* Erweiterte Neuausg. Dtv, München 2000.
- Volker Henning Drecoll: *Die Entstehung der Gnadenlehre Augustins.* Mohr Siebeck, Tübingen 1999.
- Volker H. Drecoll (Hg.): *Augustin-Handbuch*, Tübingen: Mohr Siebeck 2007, ISBN 3-16-148269-7, Inhalt [31]
- Norbert Fischer / Cornelius Mayer (Hrsg.): *Die Confessiones des Augustinus von Hippo: Einführung und Interpretationen zu den dreizehn Büchern.* Forschungen zur europäischen Geistesgeschichte, Band 1. Sonderausgabe. Herder, Freiburg i. Br. 2004, ISBN 3-451-28356-5.
- Kurt Flasch: *Augustin. Einführung in sein Denken.* 3. bibliographisch ergänzte Auflage. Reclam, Stuttgart 2003.
- Kurt Flasch / D. de Courcelle (Hrsg.): *Augustinus in der Neuzeit.* Brepols, Turnhout 1998.
- Kurt Flasch: *Was ist Zeit? Augustinus von Hippo. Das XI. Buch der Confessiones*, Klostermann, Frankfurt am Main 2004 (2), ISBN 978-3-465-03374-5
- Therese Fuhrer: *Augustinus.* Darmstadt 2004. ISBN 3-534-15768-0
- Wilhelm Geerlings: *Augustinus. Leben und Werk. Eine bibliographische Einführung.* Panorama, Paderborn 2002.

- Christoph Horn: *Augustinus*. Beck, München 1995.
- Cornelius Mayer u.a. (Hrsg.): *Augustinus-Lexikon*. Bd. 1ff., Schwabe, Basel 1994ff.
- Uwe Neumann: *Augustinus*. 2. Aufl. Rowohlt, Reinbek bei Hamburg 2004.
- James J. O'Donnell: *Augustine. A New Biography*. New York 2005, ISBN 0-06-053537-7
- Eleonore Stump / Norman Kretzmann (Hrsg.): *The Cambridge Companion to Augustine*. Cambridge University Press, Cambridge 2001.
- Peter Seele: *Philosophie der Epochenschwelle – Augustin zwischen Antike und Mittelalter*. Walter DeGruyter, Berlin, New York 2008.
- Wilfried Neumaier: *Antike Rhythmustheorien, historische Form und aktuelle Substanz*. Amsterdam 1989, Kapitel 8 Augustinus, S. 79–106. (Online-Version [32])
- Roland Kany: *Augustins Trinitätsdenken. Bilanz, Kritik und Weiterführung der modernen Forschung zu „de trinitate"*. Studien und Texte zu Antike und Christentum, Bd. 22, Tübingen 2008, ISBN 978-3-16-148326-4.

Weblinks

- Literatur von und über Augustinus von Hippo [33] im Katalog der Deutschen Nationalbibliothek
- Über 190 Zitate von Augustinus von Hippo [34]

Werke

- William Harmless / Allan Fitzgerald: Übersicht [35] über die augustinischen Werke in chronologischer Ordnung nebst verfügbaren Standardausgaben
- De civitate Dei [36] (lateinisch und englisch nach Marcus Dods)
- *De civitate Dei* [37] und *Confessiones* [38] (deutsch) aus der Bibliothek der Kirchenväter
- Linksammlung E-Texte (englisch) [39]
- Opera Omnia [40] (umfangreiche Textsammlung nach der (veralteten) Edition der Patrologia Latina; lateinisch, teils italienisch) (andere Ausgabe [41] bei documenta catholica, mit Inhaltsverzeichnis)
- A. Eisgrub (Hg) / P. Johann Alfons Abert OSA (Übers.): *Das Wesen des Guten, Gegen einen Widersacher der Ordnung Gottes und der Propheten, Gegen Maximinus, Bischof der Arianischen Irrlehre, 1. Buch* [42], Würzburg 2005.
- Opera [43] (lat.)
- Opera [44] (Peter King, lat.)
- Mehrere vollständige Werke auf Latein in der Bibliotheca Augustana [45]

Sekundärliteratur

- Datenbank der Augustinus-Sekundärliteratur (DBAS) [46]
- Eintrag [47] in der *Stanford Encyclopedia of Philosophy* (englisch, inklusive Literaturangaben)
- *Augustinus von Hippo* [48]. In: *Biographisch-Bibliographisches Kirchenlexikon* (BBKL).
- Zentrum für Augustinusforschung Würzburg: umfangreiche Webseite mit Zitatenschatz, Literaturdatenbank, Bibliographie und anderem [49]
- Augustinus-Website von James O`Donnell [50] (englisch)
- Druckschriften von und über Augustinus von Hippo [51] im VD 17
- Apostolisches Schreiben „Augustinum Hipponensem" von Papst Johannes Paul II. [52] (28. August 1986)
- Aktuelle Literatur zu Augustinus und den Augustinern [53]
- 5 Katechesen von Papst Benedikt XVI. über den hl. Augustinus bei den Generalaudienzen ab dem 9. Januar 2008 [54]

Referenzen

[1] Kath.net: Joseph Ratzinger ist ein Augustinianer (http://www.kath.net/detail.php?id=15902) 6. Februar 2007

[2] Vgl. dazu Pedro Barceló, *Constantius II. und seine Zeit. Die Anfänge des Staatskirchentums*, Stuttgart 2004. Zu den theologischen Auseinandersetzungen ab Konstantin siehe auch Luce Pietri u.a. (Hrsg.), *Die Geschichte des Christentums*, Bd. 2, Sonderausgabe, Freiburg im Breisgau 2005, S. 193ff.

[3] Vgl. Pietri u.a., *Geschichte des Christentums*, Bd. 2, S. 447ff.

[4] Eine nützliche Einführung stellt Walter Pohl, *Die Völkerwanderung*, 2. Aufl., Stuttgart 2005, dar. Vgl. auch die diversen Überblickswerke in der Bibliographie Spätantike.

[5] Schreibweisen: Monika, Monnica u. ä.

[6] wdr vom 13. November 2004: *Vor 1.650 Jahren: Aurelius Augustinus in Thagaste geboren - Kirchenvater aus Afrika* (http://www.wdr.de/themen/kultur/stichtag/2004/11/13.jhtml)

[7] nach griechischer Lehre geht der Geist *aus* dem Vater *durch* den Sohn hervor, nach den Kirchen der occidentalen Tradition *aus* dem Vater *und* dem Sohn

[8] *De civitate Dei* 20,7

[9] *De civitate Dei* 20,9

[10] *Enchiridion ad Laurentium* 9, 29

[11] http://www.bibleserver.com/go.php?lang=de&bible=EU&ref=Mt25%2C46

[12] XXI, 13, 16, 24

[13] IX, 13, 34-37

[14] http://www.bibleserver.com/go.php?lang=de&bible=LUT&ref=1+Kor3%2C11-15

[15] in: *Exposition (Ps 37,3* (http://www.bibleserver.com/go.php?lang=de&bible=LUT&ref=Ps37,3)*)*

[16] http://www.bibleserver.com/go.php?lang=de&bible=LUT&ref=Mt12%2C31

[17] *De civitate Dei* 18, 46

[18] So im Kommentar zu Ps 40 (http://www.bibleserver.com/go.php?lang=de&bible=LUT&ref=Ps40).

[19] Fr. 311 Laf., Übers. U. Kunzmann

[20] http://www.bibleserver.com/go.php?lang=de&bible=LUT&ref=Lk14%2C23

[21] http://www.bibleserver.com/go.php?lang=de&bible=VUL&ref=Lk14%2C23

[22] Vgl. Richard Klein: *Symmachus*. Darmstadt 1971. Zur Christianisierung der Oberschicht vgl. Michele R. Salzman: *The Making of a Christian Aristocracy: social and religious change in the western Roman Empire*. Cambridge/MA 2002.

[23] c. ep. Man.5

[24] Mor 1,25

[25] Benedikt XVI.: *Volk und Haus Gottes in Augustins Lehre von der Kirche*; Univ. Diss. München 1951; München: Zink, 1954 (= St. Ottilien: EOS, 1992); ISBN 3-88096-207-3

[26] Tilmann Moser: *Ein schwieriger Patient. An meinen Feind Augustinus*; in: ders.: *Von der Gottesvergiftung zu einem erträglichen Gott. Psychoanalytische Überlegungen zur Religion*; Stuttgart: Kreuz, 2003; S. 152-176

[27] Wilhelm Geerlings: *Augustinismus*. In: Volker Drehsen / Hermann Häring u.a. (Hrsg.): *Wörterbuch des Christentums*. 1500 Stichwörter von A-Z. München 2001, S. 111, ISBN 3-572-01248-1.

[28] Hannah Arendt: *Der Liebesbegriff bei Augustin. Versuch einer philosophischen Interpretation*; Berlin 1929 (Neuausgabe: Berlin und Wien: Philo Verlagsgesellschaft, 2003; ISBN 3-86572-343-8)

[29] *Augustinus – Ein klingendes Mosaik*; Uraufführung 19. März 2005, Lukaskirche, München

[30] http://www.uni-tuebingen.de/augustinus-zentrum/Werkuebersicht.htm

[31] http://www.ulb.tu-darmstadt.de/tocs/185958508.pdf

[32] http://books.google.de/books?vid=ISBN9060320646&id=1qnOCb5r_okC&pg=PA1&lpg=PA1&dq=inauthor:Neumaier+inauthor:Wilfried&sig=uBs-iRNTun0xobf61cl0wFmfyKI

[33] https://portal.d-nb.de/opac.htm?query=Woe%3D118505114&method=simpleSearch

[34] http://www.evangeliums.net/zitate/augustinus_von_hippo.htm

[35] http://www02.homepage.villanova.edu/allan.fitzgerald/dates.htm

[36] http://logicmuseum.googlepages.com/civitate-index.htm

[37] http://www.unifr.ch/patr/bkv/kapitel.php?ordnung=0&werknr=91&buchnr=198&abschnittnr=1919

[38] http://www.unifr.ch/patr/bkv/kapitel.php?ordnung=0&werknr=19&buchnr=39&abschnittnr=63

[39] http://www.epistemelinks.com/Main/TextName.aspx?PhilCode=Augu

[40] http://www.sant-agostino.it/latino/index.htm

[41] http://www.documentacatholicaomnia.eu/20_40_0354-0430-_Augustinus,_Sanctus.html

[42] http://www.opus-bayern.de/uni-wuerzburg/volltexte/2005/1464/pdf/Abert_Druckvorlage.pdf

[43] http://hiphi.ubbcluj.ro/fam/texte/augustin/augustin.htm

[44] http://individual.utoronto.ca/pking/resources.html

[45] http://www.hs-augsburg.de/~harsch/Chronologia/Lspost05/Augustinus/aug_intr.html

[46] http://www.augustinus.konkordanz.de

[47] http://plato.stanford.edu/entries/augustine/
[48] http://www.bbkl.de/a/augustin_au.shtml
[49] http://www.augustinus.de/
[50] http://ccat.sas.upenn.edu/jod/augustine.html
[51] http://gso.gbv.de/DB=1.28/REL?PPN=004287614&RELTYPE=TT
[52] http://stjosef.at/dokumente/Augustinum_Hipponensem.htm
[53] http://www.theologie-systematisch.de/heilige/augustinus.htm
[54] http://www.vatican.va/holy_father/benedict_xvi/audiences/2008/documents/hf_ben-xvi_aud_20080109_ge.html

Kirchenlehrer

Einige Theologen bekamen den Titel **Kirchenlehrer** (lateinisch *doctores ecclesiae*), da sie einen eminenten Einfluss auf die Theologie der christlichen Kirche hatten.

Mit dem Titel Kirchenlehrer wurden nur wenige besonders bedeutende Theologen bezeichnet; in älterer Zeit und bis heute in den Ostkirchen geschah dies relativ spontan, in der katholischen Kirche wurde dieser Titel in neuerer Zeit formell verliehen. Im Gegensatz dazu werden frühchristliche Schriftsteller bis etwa zum 6. Jahrhundert als Kirchenvater bezeichnet.

Die acht Kirchenlehrer des Ostens und Westens werden ökumenisch als solche anerkannt. Die römisch-katholische Kirche hat nach der Reformationszeit den Titel Kirchenlehrer speziell definiert und ihn auch Theologen späterer Jahrhunderte verliehen.

Kirchenlehrer des Ostens und des Westens

In der westlichen Kirche waren das ursprünglich Hieronymus, Ambrosius von Mailand, Augustinus von Hippo und Papst Gregor der Große.

Im Osten gab es ursprünglich drei Kirchenlehrer, Johannes Chrysostomos, Basilius von Caesarea und Gregor von Nazianz, denen in der orthodoxen Kirche das Fest der *Drei Hierarchen* am 30. Januar gewidmet ist. Später wurde analog zu den vier Kirchenlehrern des Westens noch Athanasius von Alexandria hinzugefügt.

Spätere Kirchenlehrer des Ostens

In der Orthodoxen Kirche ist der Begriff des Kirchenlehrers nicht genau bestimmt. Allerdings kann man wohl Gregor von Nyssa, Papst Leo den Großen, Maximus den Bekenner, Johannes von Damaskus, Symeon den Neuen Theologen, Gregor Palamas und Markus von Ephesus ziemlich unstrittig dazu zählen.

Kirchenlehrer der katholischen Kirche

Die katholische Kirche hat die Bedingungen für den Titel spezifiziert – *orthodoxa doctrina* (Rechtgläubigkeit, aber nicht Irrtumslosigkeit), *eminens doctrina* (herausragende Lehre), *insignis vitae sanctitas* (ein hoher Grad von Heiligkeit), *ecclesiae declaratio* (offizielle Erklärung zum Kirchenlehrer durch die Kirche) – und vom 17. Jahrhundert an weitere Kirchenlehrer hinzugefügt.

Der Titel wird durch die Heiligsprechungskongregation verliehen und vom Papst genehmigt, nachdem die Schriften des Heiligen sorgfältig geprüft wurden. Es handelt sich dabei nicht um eine (unfehlbare) Entscheidung Ex cathedra, und es wird dadurch nicht erklärt, dass es in den Schriften des Kirchenlehrers keinen Irrtum gibt. Es ist im Gegenteil bekannt, dass auch die größten Kirchenlehrer nicht völlig frei von Irrtümern sind.

Unter den Kirchenlehrern der katholischen Kirche sind drei Frauen: Katharina von Siena, Teresa von Ávila und Thérèse von Lisieux.

Vollständige Liste der katholischen Kirchenlehrer (33)

- Albertus Magnus (um 1200–1280), deutscher Universalgelehrter
- Alfons Maria di Liguori (1696–1787), italienischer Jurist, Bischof und Ordensgründer
- Ambrosius von Mailand (um 340–397), Bischof von Mailand
- Anselm von Canterbury (um 1033–1109), Erzbischof von Canterbury, Begründer der Scholastik
- Antonius von Padua (1195–1231), portugiesischer Franziskaner, Prediger
- Athanasius der Große (um 298–373), Bischof von Alexandria
- Augustinus von Hippo (354–430), Bischof von Hippo
- Basilius von Caesarea (um 330–379), Bischof von Cäsarea
- Beda Venerabilis (um 673–735), englischer Benediktiner, Geschichtsschreiber
- Bernhard von Clairvaux (um 1090–1153), französischer Zisterzienser, Mystiker
- Ephraem der Syrer (um 306–373), Einsiedler
- Franz von Sales (1567–1622), französischer Ordensgründer, Mystiker
- Gregor der Große (um 540–604), Papst
- Gregor von Nazianz (um 329–390), Patriarch von Konstantinopel
- Hieronymus (347–420), Bibelübersetzer
- Hilarius von Poitiers (um 315–367), Bischof von Poitiers
- Isidor von Sevilla (um 560–636), Bischof von Sevilla
- Johannes Bonaventura (1221–1274), Franziskaner, Bischof von Albano
- Johannes Chrysostomos (344/349–407), Erzbischof von Konstantinopel
- Johannes vom Kreuz (1542–1591), spanischer Karmelit und Mystiker, Ordensgründer
- Johannes von Damaskus (um 650–749), orthodoxer Mönch, Dogmatiker
- Katharina von Siena (1347–1380), italienische Mystikerin
- Kyrill von Alexandria (um 375/380–444), Patriarch von Alexandria
- Kyrill von Jerusalem (um 315–386), Bischof von Jerusalem
- Laurentius von Brindisi (1559–1619), italienischer Kapuziner
- Leo der Große (um 400–461), Papst
- Petrus Canisius (1521–1597), erster deutscher Jesuit
- Petrus Chrysologus (um 380–451), Bischof von Ravenna
- Petrus Damiani (um 1006–1072), italienischer Bischof
- Robert Bellarmin (1542–1621), italienischer Jesuit
- Teresa von Ávila (1515–1582), spanische Karmelitin, Mystikerin, Ordensgründerin
- Thérèse von Lisieux (1873–1897), französische Karmelitin
- Thomas von Aquin (um 1225–1274), italienischer Dominikaner, Hauptvertreter der Scholastik

Literatur

- Hartmut Leppin: *Die Kirchenväter und ihre Zeit. Von Athanasius bis Gregor dem Großen.* München 2000, ISBN 3-406-44741-4.

Weblinks

- A. Dumouch: Les 33 docteurs de l'Église [1]

Referenzen

[1] http://docteurangelique.free.fr/fichiers/docteurs.htm

Heiliger

Typischer christlicher Heiliger: Benedikt von Nursia

Als **Heilige** oder **Heiliger** wird eine Persönlichkeit bezeichnet, die als der jeweiligen Gottheit besonders nahestehend beziehungsweise als ein in religiöser und ethischer Hinsicht vollkommener Mensch angesehen wird. Dabei wird das allgemeine Konzept der Heiligkeit individualisiert und auf einen einzelnen Menschen angewandt.

Die Anerkennung eines Heiligen kann religiösen oder politischen Autoritäten vorbehalten sein oder sich in der Akklamation und Verehrung durch das gläubige Volk vollziehen, eine wichtige Rolle kann dabei das Auftreten übernatürlicher Phänomene („Wunder") im Zusammenhang mit dem Heiligen spielen. Die darauf folgende – zumeist posthume – kultische Verehrung eines solchen Heiligen bezeichnet man als Heiligenverehrung.

Im allgemeinen Sprachgebrauch verweisen die Begriffe des Heiligen und der Heiligenverehrung gemeinhin auf die entsprechenden christlichen Vorstellungen. Auch wenn die Begriffe eng mit der christlichen Volksreligiosität assoziiert werden, so sind doch beide Phänomene auch in nicht-christlichen Religionen zu finden.

Religionswissenschaftliche Definition

Der Begriff des „Heiligen" ist religionswissenschaftlich bisher nicht befriedigend definiert. Zum einen ist aufgrund der differierenden Anforderungen, die verschiedene Religionen an einen „Heiligen" stellen, keine für alle Religionen allgemeingültige Definition möglich. Zum anderen überschneidet sich der religiöse Typ des „Heiligen" mit mehreren anderen religiöser Autoritätstypen, und es ist bisher nicht gelungen, eine deutlich unterscheidende Charakteristik zu finden.

Die Grenzen der im Diskurs religiöser Autoritäten skizzierten Typen sind fließend und können sich in wichtigen Punkten überschneiden; die als „Heilige" verehrten konkreten Personen können also gleichzeitig auch noch anderen Typen zugerechnet werden. Dies ist etwa bei der christlichen Ausprägung des Märtyrer-Typs der Fall, dem stets auch die Verehrung als Heiliger zuteil wird. Ein für alle Religionen allgemeingültiger Automatismus ist jedoch nicht gegeben.

Typologische Gemeinsamkeiten dieser Art weist der „Heilige" besonders mit dem Märtyrer und dem Heros auf: Sein Grab bzw. der Aufbewahrungsort seiner Reliquien entwickelt sich zu einem kultischen Zentrum besonderen Ranges. Es ist das Ziel allgemeiner Verehrung, von Pilgerreisen und wird oft als Zentrum einer Nekropole genutzt. Allen drei Typen wird eine Mittlerfunktion als Fürsprecher der Gläubigen gegenüber der göttlichen Autorität zugeschrieben.

Eine Verehrung ist oft wie beim Heros bereits zu Lebzeiten gegeben, kann aber wie beim Märtyrer auch erst nach dem Tod erfolgen. Ein Unterschied zum Typ des Märtyrers liegt darin, dass der Letztere die religiöse Vollkommenheit per definitionem nicht durch seinen Lebenswandel, sondern durch die Art seines Sterbens erlangt, während beim Heiligen sich die Vollkommenheit auch ohne ein solches Martyrium wesentlich durch sein voraufgegangenes Leben erweist. Im Gegensatz zum Heros fehlt ihm die göttliche oder halbgöttliche Abstammung.

Der „Heilige" kann zwar dem Typ des Angehörigen einer klerikalen Institution (also der Priesterschaft oder dem Mönchtum) angehören, muss dies aber nicht. Weiterhin kann der Heilige das Charisma des Religionsstifters oder Reformators besitzen, im Gegensatz zu diesen ist aber sein Ziel nicht Verkündigung einer (Glaubens-)lehre und anschließende Bildung einer Gläubigenschar, sondern das Hervortreten durch sein religiös vorbildliches Leben.

Vom mythischen Heilsbringer schließlich unterscheidet ihn sein Wirken in der real überlieferten, wenn auch oft in der Tradierung unzuverlässigen, Geschichte und der fehlende Erlösungsaspekt seines Lebens.

Die Deklaration und Verehrung von Heiligen erfüllt ein urreligiöses Bedürfnis der Menschen nach Vorbildern in ihrem Glauben und gleichzeitige Bestätigung desselben. Die als vorbildlich anerkannten Mitglieder der Glaubensgemeinschaft verlassen zwar die diesseitige – menschliche – Gemeinschaft. Sie bieten jedoch die Möglichkeit, den Kontakt zwischen Diesseits und Jenseits zu halten, denn obwohl sie in die jeweilige göttliche Herrlichkeit aufgenommen worden sind, bleiben sie über ihr Grab, ihre Reliquien und ihre Verehrung im Diesseits präsent und bilden so eine Verbindung zu der von den noch lebenden Gläubigen selbst angestrebten Erlösung. Über die ihnen während oder nach ihrem Leben zugeschriebenen Wundertaten geben sie den Gläubigen eine positive Antwort auf die Frage nach der Sinn- und Wahrhaftigkeit der jeweiligen Religion.

Christliche Heiligkeit

Die christliche Theologie ist geprägt von einem Doppelkonzept von Heiligkeit: Das Heilige schlechthin ist Gott selbst, jedoch nicht im Sinne einer transzendenten Statik, also eines Zustandes in göttlichen Sphären ohne Auswirkung auf das Diesseits. Vielmehr wird Gottes Heiligkeit als immanente Dynamik verstanden, die alle irdischen Dinge für sich aussondern kann und damit Grund ihrer Heiligkeit ist. Im Neuen Testament wird diese Sicht modifiziert. Nun ist es Jesus Christus, der in seiner einzigartigen Beziehung zum Vater durch seinen Tod und seine Auferstehung Heiligkeit in denen, die ihm nachfolgen, bewirkt.

Christliche Heiligkeit tritt in zwei Komponenten auf. Einerseits erwählt sich Gott sowohl im Alten als auch im Neuen Testament ein „heiliges Volk“: Das Volk Israel und das so bezeichnete „neue heilige Volk“ der Kirche. Andererseits tritt auch immer das Konzept der individuellen Heiligkeit einer Einzelperson auf, die durch die Verwirklichung der Nachfolge Christi einen besonderen Grad der Gnade und des angebotenen Heils erreicht hat. Die individuelle Heiligkeit ist dabei aber stets nur Manifestation einer Heiligkeit als Glied der Kirche, die in ihrer Gesamtheit ja die „communio sanctorum“, also die „Gemeinschaft der Heiligen“, darstellt.

Christliche Heilige im umgangssprachlichen Sinn zeichnen sich also dadurch aus, dass sie bereits eine höhere Stufe der Gnade erreicht haben, die aber prinzipiell für jeden Gläubigen als Glied der Kirche möglich ist. Der Theologe Wolfgang Beinert drückt es kompakt so aus: „Sie [die Heiligkeit des Einzelnen] wird in der Taufe begründet als seinshafte Qualität und entfaltet sich in der personalen Annahme des göttlichen Rufes durch Übernahme der Gesinnung Jesu in einem moralisch heiligen Leben (Eph 1,4 [1]; 5,1 [2]; Phil 2,5 [3]; 4,8 [4]; Kol 1,22 [5]; 1 Petr 1,15f. [6]; 2,9 [7]; Tit 1,7–9 [8] u.ö.)“

Der erste verehrte Märtyrer: Polycarp

Antike und Mittelalter

Die frühchristliche Heiligenverehrung schloss sich an die aus dem jüdischen Glauben bekannten Formen an. Dort waren seit langem der Hohepriester als „amtlicher Fürbitter“ der Menschen, die Mittlerschaft der Engel zwischen Gott und den Menschen, die Verehrung großer Gestalten der Vergangenheit sowie das Martyrium bekannt.

Die hohepriesterliche Mittlerfunktion wurde ganz auf Christus übertragen und erst nach der theologischen Klarstellung früher Väter der Kirche, dass die Verehrung anderer Menschen, die Christus nachgefolgt waren, die Einzigartigkeit der Mittlerfunktion Christi nicht beeinträchtige, begann die Urkirche Märtyrer und die Apostel anzurufen.

Der erste Beleg einer Märtyrerverehrung ist der um 160 geschriebene Bericht über Polykarp von Smyrna, in der westlichen Kirche breitete sich die Märtyrerverehrung wahrscheinlich während der Verfolgungen im 3. Jahrhundert aus und verband sich unter dem Einfluss Tertullians zu einer Verehrung der Märtyrer als Heiliger. Anfänglich war diese Verehrung auf den Todestag und die Grabstätte des Märtyrers beschränkt, mit dem Aufkommen der Reliquienverehrung vervielfachten sich aber die räumlichen und zeitlichen Möglichkeiten der Verehrung. Der erste greifbare Beleg des Verständnisses der Heiligen als Fürsprecher bei Gott findet sich in einem Graffito an der römischen Kirche San Sebastiano aus dem Jahr 260.

Mit dem Wandel des Christentums zur Staatsreligion des Römischen Reiches weitete sich auch der Heiligenbegriff, da das Martyrium wegen der abgestellten Verfolgungen nun nicht mehr höchstes Zeugnis eines christlichen Lebens sein konnte. Nach und nach wurden – unter dem bestimmenden Einfluss Clemens' von Alexandria – sogenannte „confessores“, also Bekenner, die zwar verfolgt worden, aber dem Martyrium entgangen waren, und Menschen mit einem „engelgleichen Leben“, deren radikal asketisch-jungfräuliches Leben als ständiger Kampf gegen die Verführungen des Satans verstanden wurde, in den Kreis der verehrungswürdigen „Heiligen“ aufgenommen. Einen vorläufigen Schlusspunkt unter diese Erweiterungen setzte das Konzil von Ephesos, das 431 mit der Verleihung des Titels der „Gottgebärerin“ an Maria die Marienverehrung offiziell sanktionierte.

Franz von Assisi

Seit dem Frühmittelalter wurden zunehmend entweder große Lichtgestalten der Christenheit (Kirchenlehrer, Könige, sog. „Ritter- und Soldatenheilige“ usw.) oder Menschen, die ein Alternativkonzept zum alltäglichen christlichen Leben boten (Franziskus, Benedikt) vom Volk regional als Heilige verehrt. Bei den sog. „Adelsheiligen“, also Herrschern, Bischöfen oder Ordensgründern, ging die Initiative der Verehrung in den meisten Fällen von deren Nachfolgern im Amt oder Mitgliedern ihrer Dynastie aus, die dadurch auch sich selbst eine stärkere Legitimität zu verschaffen hofften. Die kirchliche Anerkennung folgte im allgemeinen erst später. Um von offizieller Seite Beliebigkeit und Ausufern der Heiligenkulte zu verhindern, bemühten sich die Päpste, das alleinige Recht zur Heiligsprechung und damit die Kontrolle der Heiligenverehrung zu erlangen, zumal diese aufgrund ihrer Bedeutung für die Beglaubigung politischer und dynastischer Legitimität und nicht zuletzt auch aufgrund ihrer wirtschaftlichen Bedeutung für die Kult- und Wallfahrtsorte auch einen gewichtigen machtpolitischen Faktor darstellte. Im Jahr 993 fand die erste päpstliche Heiligsprechung (Ulrich von Augsburg) statt, im Verlauf des 11. und 12. Jahrhunderts konnten sich die Päpste schließlich gegen die konkurrierende Instanzen der Synoden und Ortsbischöfe durchsetzen. Alexander III. dekretierte 1171 die alleinige Zuständigkeit des Papstes für Heiligsprechungen.

Nach geltendem römisch-katholischem Kirchenrecht müssen der Kanonisation die Seligsprechung vorausgehen und strenge Kriterien erfüllt sein, um in den Kanon der Heiligen aufgenommen zu werden.

Zwar war die christliche Theologie stets bemüht, die Anbetung (griech. *λατρεια*, lat. *adoratio*) allein Gott vorzubehalten und den Heiligen und ihren Reliquien lediglich Verehrung (griech. *δουλεια*, lat. *veneratio*) zukommen zu lassen, gemäß der sachlichen und terminologischen Klärung, die das Zweite Konzil von Nicäa 787 eingeführt hatte. In der Praxis waren die Ausdrucksformen und Anrufungen jedoch schon seit der Spätantike oft kaum noch unterscheidbar, und der theologische Begriff der Heiligkeit wurde im Laufe des Mittelalters in der religiösen Praxis des Volksglaubens noch zusätzlich dadurch verwischt, dass die Fürbitt- und schließlich die Helferfunktion für Angelegenheiten des diesseitigen Lebens stark in den Vordergrund traten.

Heiligenverehrung: Die 14 Nothelfer auf einem Marterl

Bereits Ambrosius hatte im 4. Jahrhundert den römischen Begriff des „patronus“ für die Heiligen verwendet, der die Schutzfunktion des Patrons im Klientelwesen der römischen Gesellschaft beinhaltete. Der im Hochmittelalter zur vollen Ausbildung gelangte Gedanke, sich für Nationen und Diözesen, Kirchen und Städte (Stadtpatron), später gar Stände und Berufe eigene Schutzpatrone zu erwählen, unter deren Schutz und Hilfe man sich stellen wollte, machen das transformierte Verständnis der „Heiligen" deutlich; Reliquienanhäufung und Drang nach Wundern waren die theologisch unerwünschten Folgen. Das Vierte Laterankonzil verurteilte zwar, „dass die Gläubigen mit phantastischen Geschichten oder gefälschten Dokumenten getäuscht werden, wie es an sehr vielen Orten aus Gewinnsucht zu geschehen pflegt." Aber es konnte die Entwicklung in der Praxis nicht aufhalten. Der Charakter der Heiligen als Vorbilder im christlichen Leben („imitatio Christi") trat zugunsten der zugeschriebenen Funktionen als Helfer zurück. Die Gläubigen wählten sich zur Fürbitte gezielt Heilige aus, denen man bestimmte Attribute zuschrieb. Blasius half beispielsweise gegen Halskrankheiten, Sebastian gegen die Pest. Auch die Entwicklung des Kultes der „Vierzehn Nothelfer" fällt in diesen Zusammenhang.

Neuzeit

Erst die Reformation brachte deutliche Kritik an der herrschenden Situation vor. Eine Rolle der Heiligen als direkte Mittler des Erbetenen wurde mit Verweis auf die Bibel strikt abgelehnt und die Einzigartigkeit der Heilsmittlerschaft Christi wieder in den Vordergrund gerückt. Nach der theologischen Festigung des Luthertums wurde in der Pflege des Gedächtnisses verschiedener altkirchlicher Heiliger keine Gefahr mehr gesehen. Das Heiligengedächtnis wurde in der Confessio Augustana XXI als Moment der persönlichen Stärkung im Glauben befürwortet und anerkannt. Zu den anerkannten „alten" Heiligen traten zusätzlich Vorreformatoren wie Jan Hus und dann auch Akteure der Reformation – insbesondere Luther selbst – hinzu, so dass verschiedene Theologen Züge einer „Lutherverehrung" zu erkennen glauben, die sich u. a. in den Lutherbildern in protestantischen Gottesdiensträumen manifestiere.

Im Gegensatz zu den lutherisch geprägten Protestanten lehnten die Reformierten die Heiligenverehrung insgesamt ab. Ulrich Zwingli und Johannes Calvin sahen in Wallfahrten und Reliquienverehrung ein Werk des Satans und betonten die Gültigkeit des alttestamentlichen Bilderverbots, gegen das die Heiligenverehrung verstoße.

Ikonendarstellung der Hl. Jungfrau Maria

Auch wenn die katholische Theologie in der Frage der Heiligenverehrung stets derselben Auffassung wie Martin Luther und Philipp Melanchthon war, blieb die Vermischung von verkappter Anbetung und Verehrung doch ein deutliches Kennzeichen der Volksfrömmigkeit bis in die heutige Zeit. Auf dem Konzil von Trient wurde 1563 die katholische Dogmatik in der Frage der Heiligenverehrung geschärft: Da die Heiligen im Himmel mit Christus herrschten, sei es „gut und nützlich", sie demütig um Beistand anzurufen, um von Gott durch den alleinigen Erlöser und Heiland Jesus Christus Wohltaten zu erlangen (DH 1821). Als Ziel der Heiligenverehrung wird damit Gott festgeschrieben, im zweiten Vaticanum wird diese Auffassung bestätigt und nochmals darauf verwiesen, dass die Fürbitte der Heiligen bei Gott nicht „heilskonstitutiv" wie die hohepriesterliche Mittlerfunktion Christi sei (LG 48–69).

In den Ostkirchen ist die Verehrung von Heiligen ein selbstverständlicher Bestandteil des geistigen Lebens. Seit dem 4. Jahrhundert ist die Darstellungen von Heiligen in Ikonen belegt. Die Verehrung äußert sich bis heute im Malen und Verehren von Ikonen, dem Verfassen und Lesen von Heiligenviten sowie der wieder verstärkt auftretenden Kanonisation. Wie in der katholischen Kirche auch werden die Gräber und Reliquien besucht und verehrt, Menschen, Kirchen und Orte nach ihnen benannt und ihr Gedächtnistag (i. d. R. der Todestag) im Kirchenjahr liturgisch gefeiert. Die Wallfahrt des Pilgers zum Heiligengrab und zuletzt das Sehen, Berühren und Küssen der Reliquie oder der Ikone ist in den Ostkirchen präsenter als im Westen und dient dazu, an der besonderen Gottesnähe des Heiligen selbst teilzuhaben.

Seit etwa den 1960er Jahren verlieren „Heiliggesprochene" als „Heilige" in weiten Teilen einer säkularisierten („westlichen") Welt zunehmend an Bedeutung. Historische Legenden und mythische Berichte werden zurück gedrängt zugunsten zeitgeschichtlicher Erfahrungen vorbildhafter Menschen (Gandhi, Mutter Teresa, Martin Luther King), die als Vorbilder für Altruismus und Humanität dienen. Die Verehrung dieser neuen Vorbilder ist nicht an Konfessionen oder Religionen gebunden und spiegelt das Aufkommen von Idolen in der Jugendkultur wider.

Heiligkeit im Judentum

Im Judentum allgemein ist „שודק" („kaddosch", hebräisch: *heilig*) ein Wort, das vor allem die einfache Bedeutung von *besonders* oder *das Besondere* hat und damit im Gegenteil zu *profan* (im Sinne von *weltlich, normal, alltäglich*) steht.

Im orthodoxen Judentum wird auf eine persönliche Heiligkeit nur äußerst zurückhaltend eingegangen. In der religiösen Praxis bildete sich aber de facto trotzdem bereits in alttestamentlicher Zeit die Heiligenverehrung heraus, was sich an der Existenz vieler Heiligengräber festmachen lässt.

Das Grab der Erzväter in Hebron beherbergt sowohl eine Synagoge als auch eine Moschee

Einer gewissen Verehrung der Propheten (besonders Mose) wurde auch von offizieller Seite kein Widerstand entgegen gebracht, seit der Zeit des makkabäischen Widerstandskampfes gewann auch das Märtyrertum an Bedeutung. Seit der Spätantike entwickelte sich in der Volksfrömmigkeit ein regelrechter Gräberkult um Grabstätten besonders frommer Juden, oft werden sogar Synagogen über oder in der Nähe eines Grabes erbaut. Besonders stark trat der Typ des Heiligen im osteuropäischen Chassidismus auf, der im „Zaddik" einen Heilsbringer mit einer besonders engen Gottesbeziehung und einer Mittlerqualität von Gottes Gnade für die Menschen verehrte.

Auch im heutigen Judentum spielen Heiligengräber als Wallfahrtsziele eine Rolle. Prominente Beispiele hierfür sind die Gräber der Erzväter in Hebron, das Davidsgrab in Jerusalem, das Grab des kabbalistischen Rabbiners Schimon ben Jochai in Meron oder des Chabad-Führeres Menachem Mendel Schneerson.

Die alttestamentlichen Patriarchen und Propheten wurden auch in die Reihe der christlichen und islamischen Heiligen aufgenommen.

Heiligkeit im Islam

Aus der orthodoxen Theologie des Islam muss die Heiligenverehrung eigentlich mit Blick auf den Koran (9,31; 10,19) abgelehnt werden. Andere Stellen (10,63–65) jedoch setzen die Existenz der „Freunde Allahs" *(Wali)* bereits als gegeben voraus, und so hat sich dennoch im Islam bereits sehr früh eine Verehrung Heiliger durchgesetzt, die dem christlichen Verständnis eines Heiligen sehr nahe kommt. Schon bald nach ihrem Tod wurden etwa in der schiitischen Richtung ʿAlī ibn Abī Tālib, der Schwiegersohn Mohammeds, und seine Söhne Hasan ibn Ali und Husain ibn Ali als Heilige verehrt, auch bei den Sunniten treten solche Heilige auf, unter anderem die Sagengestalt „al-Chadir" („der grüne Mann"). In orthodoxen und dogmatischen sunnitischen Gruppen wie in der Bewegung der Wahhabiten (Salafiyya) oder der Ahl-i Hadîth wird eine Heiligenverehrung explizit bekämpft, da sie dem Prinzip der absoluten Einzigartigkeit und Erhabenheit Gottes *(tauhid)* zuwiderlaufe und ein nicht auf Gott, sondern auf Menschen gerichteter Kult sei.

Grab eines Marabout im tunesischen Chebika

Weiterhin bezieht sich die spätere Heiligenverehrung meist auf bekannte Mystiker (Sufis). Häufig wirken diese auch als Oberhaupt *(Sheikh)* eines Sufiordens *(Tariqa),* wie sie verstärkt ab dem 12. und 13. Jahrhundert entstanden. Zu jener Zeit, die als eine erste Blütezeit des Sufismus gilt, fanden die islamischen Mystiker eine große Resonanz in der breiten Bevölkerung (vor allem in den nordafrikanischen Ländern), wodurch sich noch heute die starke Verehrung der Heiligen nicht nur unter den Mystikern erklären lässt.

Auch wenn der „Freund Allahs" ein durchgehend gehorsames und gottgefälliges Leben geführt hat, rückt er nicht durch eigene Leistung, sondern vielmehr erst durch Allahs Wirken in eine Nähe zu jenem. Es gibt kein offizielles Heiligsprechungsverfahren, und die Verehrung einer Person als Heiligem ergibt sich aus dem Konsens der Gläubigen. Daher kann nicht nur Menschen aus der Zeit nach Mohammed, sondern auch Propheten und Patriarchen aus der Zeit zuvor die Heiligkeit zugesprochen werden.

Das Bild des Heiligen im Islam ist davon geprägt, dass Heilige Fürsprecher und Mittler zwischen den Gläubigen und dem verborgenen Allah sind, Wunder wirken können und als Wächter des Glaubens gelten. Ihre Schreine, die an Orten errichtet werden, die in irgendeiner Beziehung zur betreffenden Person stehen, sind bis in die heutige Zeit Wallfahrtsorte, die von den Pilgern als Kraftquelle gesehen werden, da die spirituelle Energie *(Baraka)* eines Heiligen nach muslimischer Auffassung auch über den irdischen Tod hinaus wirkt, teilweise sogar für stärker gehalten wird als zu Lebzeiten. Der Heilige erhält sein Baraka über eine spirituelle Kette *(Silsila),* die ihn mit der Familie des Propheten verbindet.

→ *Siehe auch:* Marabout, Ghauth, Derwisch, Kategorie:Sufi

Heiligkeit in den indischen Religionen

Heilige der indischen Religionen des Hinduismus, Buddhismus und Jainismus lassen sich grob dadurch charakterisieren, dass sie in radikaler Askese und Meditation einen höheren Bewusstseinsstand erreicht haben sollen. Der Mittlercharakter zwischen göttlicher Autorität und Menschen tritt bei den verbreiteten atheistischen oder agnostischen Konzepten entsprechend nicht auf.

Die ungenaue Kategorie des „Hinduismus" macht eine allgemein gültige Definition eines „hinduistischen Heiligen" praktisch unmöglich. Es lässt sich aber eine relativ weit verbreitete Verehrung bestimmter religiöser Lehrer, die in ihrer Zeit das Gesicht des Hinduismus prägten, wie Shankara, Ramakrishna oder auch Gandhi, beobachten.

Der Bodhisattva Vajrapani (rechts) in einer an Herakles erinnernden Darstellung neben dem Buddha.

Im Buddhismus ist die Vorstellung von Heiligen konkreter vorhanden. Der Hinayana sieht die individuelle Heiligkeit darin gegeben, dass ein Mensch, der Arhat, nach streng asketischem Leben und Beachtung der Lehren Buddhas bereits zu Lebzeiten das Nirvana erreicht und damit aus dem Kreislauf der Wiedergeburten ausscheidet. Auch Siddhartha Gautama, der die vier edlen Wahrheiten erkannt und in der Meditation zu vollkommener innerer Ruhe gefunden hat, fällt unter die Kategorie des Heiligen.

Der bereits im Hinayana präsente Gedanke einer Verehrung der Reliquien Buddhas setzte sich im Mahayana verstärkt fort. Hier werden zusätzlich die Bodhisattvas als Heilige verehrt, weil sie zwar die Erleuchtung bereits erlangt haben, aus Altruismus („Mitgefühl") aber auf das Nirvana verzichten und andere Menschen ebenfalls zur Erleuchtung führen wollen. Über ihren Gräbern und Reliquien wurden Stupas errichtet, die auch heute noch beispielsweise in Thailand in Ehrerbietung barfuß rechts herum andächtig umschritten wird, zumeist verbunden mit Blumen-, Weihrauch- und Kerzen-Opfern.

Im Jainismus schließlich werden 63 exemplarische Menschen, darunter die 24 sogenannten Tirthankaras („Furtbereiter, Bahnbrecher"), als Heilige verehrt, weil sie, obwohl sie selbst bereits Erlösung aus dem Kreislauf der Wiedergeburten gefunden haben, in immer wiederkehrenden Abständen den Menschen den Weg zur Erleuchtung aufgezeigt haben.

Heiligkeit in den chinesischen Religionen

Im Konfuzianismus war der Begriff des „Heiligen" stets mit dem des „Adeligen" konnotiert, der die Tugenden der Güte, Pietät und Liebe in sich vereint. Neben Konfuzius selbst und seinen Schülern zählten dazu vor allem ideale mythische Herrscher und die regierenden Kaiser.

Der Taoismus dagegen verehrte verschiedene historische Gestalten, denen zugeschrieben wurde, in Übereinstimmung mit dem Dao gelebt zu haben (z. B. die sogenannten „Acht Unsterblichen"). Sie werden oft als magisch Begabte vorgestellt, die vor Krankheit und Tod bewahren können.

Konfuziusgrab in Qufu

Verwandte Themen und Spezialartikel

- Heiligenverehrung
- Hagiographie
- Ikonografische Heiligenattribute
- Liste der Seligen und Heiligen
- Heilige in der Heraldik
- Heiligenkalender
- Wetterheiliger
- Schutzpatron
- Stadtpatron
- Namenspatron

Literatur

- Arnold Angenendt: *Corpus incorruptum. Eine Leitidee der mittelalterlichen Reliquienverehrung.* In: Saeculum 42 (1991), S. 320–348.
- Arnold Angenendt: *Heilige und Reliquien. Die Geschichte ihres Kultes vom frühen Christentum bis zur Gegenwart.* München 1997. ISBN 3-406-42867-3
- Dieter Bauer und Peter Dinzelbacher (Hrsg.): *Heiligenverehrung in Geschichte und Gegenwart.* Ostfildern 1990.
- Theofried Baumeister: *Artikel „Heiligenverehrung I".* In: Reallexikon für Antike und Christentum, Bd. 14, Stuttgart 1988, Sp. 96–150. ISBN 3-7772-8835-7
- Wolfgang Beinert: *Die Heiligen in der Reflexion der Kirche. Die Heiligen heute ehren.* Freiburg u. a. 1983.
- Peter Brown: *The Cult of the Saints. Its Rise and Funktion in Latin Christianity.* Chicago 1981.
- Jürgen Frembgen: *Reise zu Gott. Sufis und Derwische im Islam.* C. H. Beck Verlag, München 2000. ISBN 3-406-45920-X
- John Stratton Hawley (Hrsg.): *Saints and Virtues.* Berkeley 1987.
- Carol Piper Heming: *Protestants and the cult of the saints in German-speaking Europe.* Kirksville 2003.
- James Howard-Johnston (Hrsg.): *The cult of saints in late antiquity and the middle ages. Essays on the contribution of Peter Brown.* Oxford 1999.
- Heimo Kaindl: *Zwischen Ehrfurcht und Schauder. Reliquienkult gestern und heute.* Graz 2005.
- Theodor Klauser: *Christlicher Märtyrerkult, heidnischer Heroenkult und die spätjüdische Heiligenverehrung.* Köln 1969. ISBN B0000BUE1H
- Günter Lanczkowski u.a.: *Heilige / Heiligenverehrung.* In: Theologische Realenzyklopädie, Bd. 14 (1985), S. 641–672
- *Lexikon der Heiligen und Heiligenverehrung.* Freiburg i. Br. 2003. ISBN 3-451-28190-2

- Gabriele Miller: *Artikel „Heilige“.* In: Lexikon für Theologie und Kirche, Bd. 4, Freiburg u. a. 1995, Sp. 1274–1276.
- Friedrich Prinz: *Das wahre Leben der Heiligen. Zwölf historische Porträts von Kaiserin Helena bis Franz von Assisi.* München 2003.

Weblinks

- Heilige und Namenspatrone [9]
- Heiligenlexikon [10]
- Heiligenlieder [11]

Referenzen

[1] http://www.bibleserver.com/go.php?lang=de&bible=EU&ref=Eph1%2C4
[2] http://www.bibleserver.com/go.php?lang=de&bible=EU&ref=Eph5%2C1
[3] http://www.bibleserver.com/go.php?lang=de&bible=EU&ref=Phil2%2C5
[4] http://www.bibleserver.com/go.php?lang=de&bible=EU&ref=Phil4%2C8
[5] http://www.bibleserver.com/go.php?lang=de&bible=EU&ref=Kol1%2C22
[6] http://www.bibleserver.com/go.php?lang=de&bible=EU&ref=1+Petr1%2C15f.
[7] http://www.bibleserver.com/go.php?lang=de&bible=EU&ref=1+Petr2%2C9
[8] http://www.bibleserver.com/go.php?lang=de&bible=EU&ref=Tit1%2C7%E2%80%939
[9] http://www.heilige.de
[10] http://www.heiligenlexikon.de
[11] http://www.people.freenet.de/sehnde-kat/

Monika von Tagaste

Die **Heilige Monika von Tagaste** (* um 332 in Tagaste in Numidien; † Oktober 387 in Ostia) ist die Mutter des Hl. Augustinus. Sie liegt in der Kirche Sant'Agostino zu Rom begraben. Ihr Gedenktag wurde 1969 auf den 27. August festgelegt, einen Tag vor dem Festtag ihres Sohnes.

Monika von Tagaste (Ary Scheffer).

Leben

Monika wurde von ihren christlichen Eltern fromm erzogen.[1] Sie heiratete den heidnischen römischen Beamten Patritius, der 371 als Christ starb, und mit dem sie zwei weitere Kinder, Navigius und Perpetua hatte. Sie reist ihrem Sohn zuerst nach Rom, später nach Mailand hinterher. Sie überzeugte ihn schließlich, das Christentum anzunehmen. Augustinus empfing 387 in Mailand die Taufe vom Heiligen Bischof Ambrosius. Auf der Heimreise verstarb Monika von Tagaste in der Hafenstadt Ostia. Sie wurde bei dem Grab der Heiligen Aurea von Ostia beigesetzt.

Sie wird oft mit dem Krug als Attribut dargestellt. Er soll die Tränen versinnbildlichen, die sie weinte bis ihr Sohn sich zum Christentum bekehrte.

Literatur

- Augustinus von Hippo:*Suche nach dem wahren Leben.* Confessiones X / Bekenntnisse 10 ; lateinisch-deutsch, eingeleitet, übers. und mit Anmerkungen versehen von Norbert Fischer. Philosophische Bibliothek, Bd. 584. Meiner, Hamburg 2006, ISBN 978-3-7873-1808-7

Siehe auch

- Liste der Seligen und Heiligen
- Monika (weiblicher Vorname)

Weblinks

- *Monika von Tagaste* [2]. In: *Biographisch-Bibliographisches Kirchenlexikon* (BBKL).
- Eintrag [3] in der *Catholic Encyclopedia* (englisch, Ausgabe 1913)

Referenzen

[1] Vgl. Kapitel 8 im IX. Buch der Bekenntnisse des Augustinus.
[2] http://www.bbkl.de/m/monika.shtml
[3] http://www.newadvent.org/cathen/10482a.htm

Manichäismus

Der **Manichäismus** war eine antike offenbarte Religion. Das aktive Bemühen ihrer Vertreter, die Weisheit und das Wissen anderer Religionen, Kirchen und Traditionen aufzunehmen, wird oftmals als Synkretismus bezeichnet. Sie ist benannt nach ihrem Gründer, dem Perser Mani (216–276/277).

Manichäer aus einem Manuskript von Khocho, Tarimbecken.

Mit der Genehmigung des Schapur I. (r. 240/42–270) konnte Mani seine Lehre zumindest in Babylonien und Irans Südwesten verbreiten. Einer der nachfolgenden Herrscher, entweder Bahram I. (r. 273–276) oder Bahram II. (r. 276–293), ließ ihn jedoch auf Anstiften des zoroastrischen Oberpriesters Kartirs verhaften. Der 60-jährige Mani starb in Gefangenschaft; der Grund seines Todes ist nur aus manichäischen Quellen bekannt, in denen er zur Kreuzigung stilisiert dargestellt wird.

Die Lehre des Mani wird des Öfteren als die der zwei Naturen (oder Substanzen, Prinzipien) und drei Zeiten (oder Epochen) bezeichnet. Die zwei Naturen sind die des Lichts und die der Finsternis, und die drei Zeiten sind die Zeit, in der beide Naturen getrennt waren, dann die Zeit, in der sie vermischt sind, und dann die Zeit, in der sie wieder (endgültig) getrennt sein werden.

Entstehung

Die Zeit, in der Mani heranwuchs, war zoroastrisch geprägt, aber Mani wuchs in einem judenchristlichen Umfeld auf. Er gehörte, ebenso wie sein Vater, nach Aussage des Kölner Mani-Kodexes den Elkesaiten an. In der früheren Forschung wurde die Täufergruppe fälschlich als Mandäer identifiziert. Noch in seiner Jugend hatte Mani Offenbarungserlebnisse. Nach Manis eigenen Worten erschien ihm mit zwölf Jahren zum ersten Mal sein von Gott gesandter Gefährte, der ihm bis zu seinem vierundzwanzigsten Lebensjahr „all das offenbarte, was war und sein wird, all das, was die Augen sehen, die Ohren hören und der Gedanke denkt". Nach dem Abschluss dieser Offenbarungen löste er sich von der Täufersekte.

Kontakte

Reisen in den Osten brachten ihn in Kontakt mit dem Mahayana-Buddhismus. Mani sah die Beschränkungen dieser Religionen, die nur in einzelnen Sprachen und für einzelne Völker Verbindlichkeit besaßen und deren Angehörige oft unter sich um die Lehre stritten. Daher bemühte er sich, die Schriften seiner Religion noch zu seinen Lebzeiten aufschreiben zu lassen, die Lehre eindeutig zu formulieren, um Schismen zu vermeiden und sie weltweit zu verbreiten. Bis zu seiner Hinrichtung missionierte er im Perserreich, doch seine Anhänger brachten den Manichäismus nach Westen ins Römische Reich, nach Osten bis in das Kaiserreich China.

Mani verstand sich selbst als Nachfolger der großen Religionsstifter: Jesu, Zarathustras und Siddhartha Gautamas (Buddhas). Entsprechend stellt der Manichäismus eine synkretistische Lehre dar, die sowohl zoroastrische, christliche als auch buddhistische Elemente enthält. Auch die geistige Strömung des Gnostizismus hatte Einfluss auf Manis Religion. Das führte dazu, dass der Manichäismus im Mittelmeerraum als „Kirche des heiligen Geistes" auftrat und der Prophet Mani als der von Christus verheißene Paraklet galt, in anderen Teilen der Welt der Religionsstifter als Wiedergeburt des Laozi oder als neuer Buddha gesehen wurde.

Im Bereich der östlichen Manichäer um Samarkand sind vom 4. bis 6. Jahrhundert – als das Parthische als gesprochene, nicht jedoch liturgische Sprache am Aussterben war – buddhistische Einflüsse auf liturgische Texte erkennbar.[1]

Mythos

Am Anfang war das Lichtreich Gottes, dessen Wesen fünf Denkformen umfasste: Vernunft, Denken, Einsicht, Sinne und Überlegung. Demgegenüber steht das Reich der Finsternis, bestehend aus Rauch, Feuer, Wind, Wasser und Finsternis. In diesem Reich herrscht Kampf und Uneinigkeit. Während seiner inneren Kämpfe attackiert die Finsternis das Licht. Gott der Vater ist Friede und will daher keinen Kampf. Aus diesem Grund sendet er seinen Sohn in den Kampf, damit dieser von der Finsternis gefangengenommen wird. Durch das Opfer seines Sohnes bleibt zum einen das Lichtreich unversehrt, zum anderen wird der endgültige Sieg über die Finsternis damit vorbereitet. Um die Lichtelemente zu retten, wird die Welt erschaffen; dabei bildet der „lebendige Geist" die übrig gebliebenen Lichtelemente zu Sonne, Monde, Gestirne, Himmel und Erde, die somit eine Vermischung von Licht und Finsternis darstellen. Erst der „Dritte Gesandte", nach Urmensch (Gayomarth) und lebendigem Geist, setzt die Räder (Feuer, Wasser und Wind) in Bewegung, welche das Licht nach oben zur Milchstraße ableiten und letztendlich an die Sonne weitergeben. Danach enthüllt sich der „Dritte Gesandte" zum Menschenpaar (Adam und Eva), das fortan für das Weltschicksal verantwortlich ist. Um ihrer Rolle gerecht werden zu können, sendet der „Dritte Gesandte" „Jesus den Glanz", der den Menschen über die „göttliche Vernunft" aufklärt.

Die Endzeit tritt dann ein, wenn die Lichtbefreiung fast vollendet ist und die materielle Welt zu einem Klumpen zusammengeschmolzen wird. Eine Neuerstehung, nach der endgültigen Trennung von Licht und Finsternis, findet nicht statt.

Lehre

In der manichäistischen Weltsicht stehen sich das göttliche Lichtreich und das Reich der Finsternis als Gegner gegenüber. Durch den Kampf zwischen diesen Mächten sind Teile des Lichts von der Finsternis gefangen und in der Welt eingeschlossen worden (vgl. Abschnitt zum Mythos). Lebewesen zu töten, ja allein schon Obst zu pflücken, verletzt diese göttliche Substanz und verlängert ihre Gefangenschaft in der Welt.

Um das Licht zu befreien und wieder zum Reich Gottes hinzuzufügen, braucht es die „Auserwählten". Sie vermeiden jegliche Verletzung des eingeschlossenen Lichtes bzw. die Verlängerung seiner Gefangenschaft, indem sie keinen Geschlechtsverkehr haben und weder Menschen, Tiere noch Pflanzen verletzen. Für ihre Nahrungsbeschaffung müssen daher die „Hörer" sorgen, eine Art manichäische Laien. In der Verdauung der Auserwählten wird das Licht von der Finsternis geschieden und durch Gesang und Gebet kann es wieder zu Gott zurückkehren.

Hörer mussten dafür zu ihrer Reinigung mehrere Inkarnationen durchlaufen, was von einzelnen in Beziehung zur mittelalterlichen Lehre vom Fegefeuer gesetzt wird.

Die Weltgeschichte endet mit einem Gericht, in dem Licht und Finsternis auf ewige Zeiten getrennt werden.

Gliederung der manichäistischen Kirche und Ethik

Mani unterteilte seine Anhänger in zwei Gruppen, die er in Hörer („Auditores") und Auserwählte („Electi") unterschied. Den Auserwählten wurden drei ethische Grundsätze (oder Siegel) auferlegt. Die Hörer sollten diese zumindest am Sonntag befolgen.

- Siegel des Mundes, mit der Enthaltung von Fleisch, Blut, Wein, Früchten und Fluchworten.
- Siegel der Hände, mit der Enthaltung von jeglicher Arbeit. Nur zur Begrüßung durfte die rechte Hand gereicht werden, des Weiteren waren auch rituelle Handauflegungen sowie jede Form geistiger Arbeit ausgenommen.
- Siegel der Enthaltsamkeit, mit dem Verbot jeglichen Geschlechtsverkehrs.

Für den Ritus wichtig waren Gebete, Rezitieren von Hymnen, feierliches Abendmahl, die wöchentliche Beichte und magische Rituale.

Geschichte

Der Manichäismus breitete sich in der Spätantike im 3. und 4. Jahrhundert rasch in Persien und den umliegenden Regionen aus. Ein Bruder des persischen Großkönigs Schapur I. konvertierte zum Manichäismus, unter Schapurs Nachfolgern wurden die Manichäer jedoch verfolgt. Ende des 4. Jahrhunderts war der Manichäismus bereits in vielen Teilen des Römischen Reiches präsent (wo schon unter Diokletian ebenfalls gegen Manichäer vorgegangen worden war), unter anderem in Nordafrika, wo der spätere christliche Kirchenvater Augustinus von Hippo zehn Jahre Hörer – Auditor – der Manichäer war. Nach seiner Abwendung von dieser Lehre (und der Hinwendung zum Skeptizismus, gefolgt vom Neuplatonismus und anschließend zum Christentum) bestimmten seine polemischen Schriften gegen die Manichäer bis in das 20. Jahrhundert die europäischen Vorstellungen vom Manichäismus. In welchem Umfang der Manichäismus Augustinus' Denken mit formte und so Eingang ins (vor allem westliche) Christentum fand, ist nicht bis ins Letzte geklärt. Alfred Adam vertritt die These, Augustinus sei auch als Christ vom Manichäismus beeinflusst gewesen und führt Lehren wie den starken Dualismus (Staaten des Guten und Bösen in seinem Werk *Gottesstaat*), die Fegefeuerlehre (Inkarnation der „Hörer"), die Höllenlehre, die Erbsündenlehre, die Lehre der doppelten

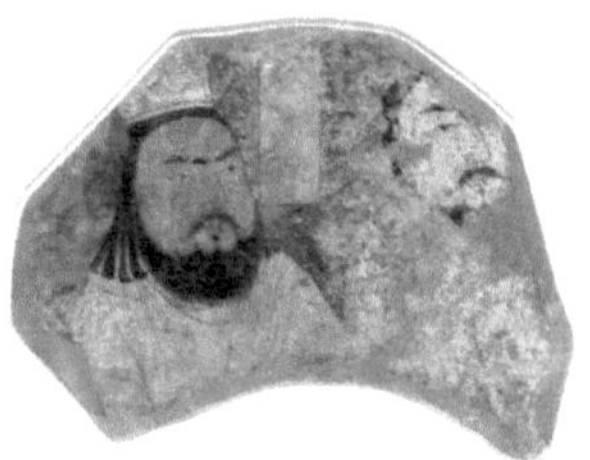

Manichäische Priester, Wandfreske aus Khocho, Xinjiang, 10. und 11. Jahrhundert nach Christus (Museum für Asiatische Kunst in Berlin-Dahlem)

Prädestination (electi, auditores und Sünder), den Kreislauf (zwei Staaten zu Anfang und zum Ende) und die Körper- und Sexualfeindlichkeit auf den Manichäismus zurück.

Durch rege Missionstätigkeit breitete sich der Manichäismus bis in das Kaiserreich China und Spanien aus. Der Manichäismus wurde 762 unter Bögü Khan Staatsreligion der Uiguren. Die Gründe für den großen missionarischen Erfolg des Manichäismus sind bisher nicht völlig geklärt. Ein Faktor war sicherlich seine Anpassungsfähigkeit an lokale Gegebenheiten: Die Manichäer passten den Wortschatz ihrer Lehre im Osten dem Buddhismus und im Westen dem Christentum an, wobei der spezifische Gehalt ihrer religiösen Botschaft und ihre Identität trotz der unterschiedlichen Terminologie bemerkenswert homogen waren.

In Westeuropa gelangte der Einfluss der manichäischen Gemeinden vor allem nach Oberitalien, Spanien, Südfrankreich, teilweise sogar bis in die Rheinebene sowie nach Flandern und Holland. Er war zeitweise eine ernsthafte Konkurrenz für das Christentum und hielt sich trotz heftiger Verfolgung bis ins fünfte Jahrhundert. In China ging die Religion etwa im 14. Jahrhundert unter. Anhänger des Manichäismus übten einen gewissen Einfluss auf die Gründung der Ming-Dynastie aus (Ming bedeutet „hell" bzw. „Licht"). Die Manichäer im südwestlichen China zählten zu den einflussreichen Rebellengruppen.

Die heutige Forschung über den Manichäismus stützt sich stark auf die 1930 in Medinet Madi (Medînet Mâdi) in Ägypten gefundenen Texte. Dabei handelt es sich um mindestens 51 verschiedene Schriften in koptischer Sprache. Die meisten stammen aus dem 4. Jahrhundert und sind Übersetzungen verlorener Originale in griechischer Sprache. Ein weiterer wichtiger Hinweis ist der seit der Mitte des 20. Jahrhunderts bekannte Kölner Mani-Kodex aus dem 5. Jahrhundert, das kleinste Buch der Antike. Auf winzigen Pergamentseiten ist die Lebensgeschichte Manis festgehalten.

Verschiedene neugnostische Bewegungen berufen sich auf den Manichäismus.

Manichäer und Ketzer

Bereits in der Spätantike wurde "Manichäer" oft als Synonym für "Ketzer" benutzt; daher ist es nicht immer möglich zu entscheiden, ob es sich bei den so bezeichneten heterodoxen Gruppen tatsächlich um Manichäer im engeren Sinne handelte.[2] Auch nachdem der Manichäismus als eigene Religion in Europa verschwunden war, hielt sich die Bezeichnung vor allem als polemischer Ausdruck für ketzerische Gruppen, die aber meist inhaltlich keinerlei Übereinstimmungen mit der manichäischen Lehre aufwiesen. Parallelen zum manichäischen Dualismus gab es bei den Bogomilen und Katharern (Albigensern); beide werden in zeitgenössischen Schriften als Manichäer bezeichnet, eine direkte Beziehung zum Manichäismus ist jedoch nicht erwiesen.

Siehe auch

- Mani (Religionsstifter)
- Gnostizismus
- Ashaqlun, ein manichäischer Dämon
- Kölner Mani-Kodex

Literatur

- A. Adam: *Das Fortwirken des Manichäismus bei Augustin*; in: ZKG 69 (1958), S. 1–25
- A. Adam: *Der manichäische Ursprung der Lehre von den zwei Reichen bei Augustin*; in: ThLZ 77 (1952), S. 385–390
- Alexander Böhlig: *Die Gnosis: Der Manichäismus*; Neuauflage, Düsseldorf und Zürich, 2002; ISBN 3-7608-1150-7 (übersetzte Quellentexte, enthält eine gute und informative Einleitung sowie umfangreiche Anmerkungen).

- Alexander Böhlig: Artikel *Manichäismus*. In: Theologische Realenzyklopädie 22 (1992), S. 25–45 (hervorragender Überblick mit umfangreichen Literaturhinweisen).
- Iain Gardner und Samuel N. C. Lieu: *Manichaean Texts from the Roman Empire*; Cambridge, 2004
- Wilhelm Geerlings: *Augustinus*; Herder/Spektrum Meisterdenker, 2004; ISBN 3-926642-51-3; S. 19–24
- Wassilios Klein: *Die Argumentation in den griechisch-christlichen Antimanichaica*; Studies in Oriental Religions 19; Wiesbaden, 1991
- Hans-Joachim Klimkeit: Artikel *Mani, Manichäismus*. In: Lexikon für Theologie und Kirche, 3. Auflage, Band 6, Sp. 1265–1269.
- Hans-Joachim Klimkeit: *Hymnen und Gebete der Religion des Lichts. Iranische und türkische liturgische Texte der Manichäer Zentralasiens*, Opladen, 1989
- Ludwig Koenen, Cornelia Römer: *Mani. Auf der Spur einer verschollenen Religion*; Freiburg: Herder, 1993; ISBN 3-451-23090-9 (enthält die Übersetzung des Kölner-Mani-Kodex').
- Johannes von Oort: *Mani, Manichäismus*. In: Religion in Geschichte und Gegenwart, Band 5, Sp. 731–741
- Steven Runciman: *Häresie und Christentum. Der mittelalterliche Manichäismus*; München: Wilhelm Fink Verlag, 1988
- Werner Sundermann: *Der Manichäismus an der Seidenstraße. Aufstieg, Blüte und Verfall*; in: Ulrich Hübner u.a. (Hg.): *Die Seidenstraße. Handel und Kulturaustausch in einem eurasiatischen Wegenetz*; Asien und Afrika 3; Hamburg, 2005^2; ISBN 3-930826-63-1; S. 153–169
- Nahal Tajadod: *Mani le bouddha de lumière, catéchisme manichéen chinois*; Cerf, 1991; ISBN 2-204-04064-9
- Geo Widengren: *Mani und der Manichäismus*; Stuttgart: Kohlhammer, 1961
- von Christiane Reck, Dieter Weber, Claudia Leurini, Antonio Panaino (Hrsg.): *Manichaica Iranica. Ausgewählte Schriften von Werner Sundermann*, 2 Bände; Serie Orientale Roma LXXXIX, 1/2; Rom, 2001

Weblinks

- Manikodex [3]
- Universität Münster, Institut für Ägyptologie und Koptologie: Arbeitsstelle für Manichäismusforschung [4]
- Prods Oktor Skjaervo: *An Introduction to Manicheism* [5] (engl.)
- Sven Bretfeld: *Tod, Wiedergeburt und Erlösung im Manichäismus* [6]; in: Unipress. Forschung und Wissenschaft an der Universität Bern, Heft 118 (Oktober 2003)
- Rudolf Steiner: *Der Manichäismus* [7]; aus: *Die Tempellegende und die Goldene Legende*; Gesamtausgabe Band 93
- Herbert Frohnhofen: Aktuelle Literatur zum Manichäismus [8]
- François Decret: *Regards sur le manichéisme* [9] (französisch)
- Eintrag [10] in der Catholic Encyclopedia (engl.)
- Eintrag [11] in der Encyclopædia Britannica (11. Aufl., 1911)

Referenzen

[1] Jotiya Dhirahseva; *Encyclopaedia of Buddhism;* s.l. 1979 (Government of Sri Lanka), in Vol. IV, "Central Asia" Seite 24

[2] Vgl. R. Lim, *The nomen Manichaeorum and its uses in Late Antiquity*, in: H. Zellentin - E. Iricinschi (eds.), *Heresy and identity in Late Antiquity*, Tübingen 2008, S. 143ff.

[3] http://www.uni-koeln.de/phil-fak/ifa/NRWakademie/papyrologie/Manikodex/mani.html

[4] http://www.uni-muenster.de/Philologie/Iaek/mani.html

[5] http://www.fas.harvard.edu/~iranian/Manicheism/index.html

[6] http://www.unibe.ch/unipress/heft118/beitrag12.html

[7] http://www.beepworld.de/members57/ingridsf/manichaeismus.htm

[8] http://www.theologie-systematisch.de/christologie/5chalcedon.htm

[9] http://www.clio.fr/BIBLIOTHEQUE/regards_sur_le_manicheisme.asp

[10] http://www.newadvent.org/cathen/09591a.htm

[11] http://www.1911encyclopedia.org/Manichaeism

Ambrosius von Mailand

Ambrosius von Mailand (* 339 in Trier; † 4. April 397 in Mailand) wurde als römischer Politiker zum Bischof gewählt. Er ist einer der vier Kirchenlehrer der Westkirche, war der jüngere Bruder der heiligen Marcellina und trägt seit 1298 den Ehrentitel Kirchenvater.

Ambrosius von Mailand, Mosaik in St. Ambrogio, Mailand; möglicherweise noch zu Lebzeiten entstanden

Leben

Präfekt

Ambrosius stammte aus einem vornehmen christlichen Elternhaus, war aber nicht getauft, was in der Spätantike allerdings nicht selten war. Sein Vater Aurelius Ambrosius war Präfekt von Gallia Narbonensis. Ambrosius war nach dessen frühen Tod in Rom für die Beamtenlaufbahn vorgesehen und wurde demgemäß juristisch ausgebildet, wobei er schließlich in Sirmium unter dem Prätorianerpräfekten Sextus Petronius Probus diente, einem der führenden Männer seiner Zeit. Etwa 372/73 wurde er von diesem mit der Präfektur der Provinz Aemilia-Liguria (Ämilien und Ligurien) betraut. Der Sitz der Provinz war Mailand, das damals auch als eine Kaiserresidenz diente.

Der Weg zum Bischof

Das Bistum Mailand war, wie die übrige damalige Kirche, tief zerstritten zwischen Trinitariern und Arianern. Als 374 (nach dem Tode des Arianers Auxentius) eine Bischofswahl anstand, ging der allseits beliebte und geachtete Präfekt persönlich in die Basilika, wo die Wahl stattfinden sollte, um in dieser Krisensituation einen wahrscheinlichen Aufruhr zu verhindern. Seine Ansprache wurde der Überlieferung nach durch den Zwischenruf eines Kindes *Ambrosius episcopus!* („Ambrosius soll Bischof werden!") unterbrochen, woraufhin er einstimmig zum Bischof gewählt wurde.

Ambrosius wirkte in dieser Lage als geeigneter Kandidat, weil er den Trinitariern als ihr Sympathisant bekannt war, aber auch den Arianern wegen seiner theologischen Neutralität als Politiker akzeptabel erschien. Er selbst stimmte jedoch energisch gegen seine Wahl, da er sich in keiner Weise auf ein solches Amt vorbereitet sah: Er war als

Katechumene noch in der Vorbereitung auf die Taufe. Erst auf kaiserliche Intervention hin gab Ambrosius nach. Innerhalb einer Woche empfing der die Sakramente der Taufe und der Ordination zum Diakon und zum Priester, so dass seiner Bischofsweihe nichts mehr im Weg stand.

Statue des Hl. Ambrosius

Studien und Liturgie

Ambrosius erwarb sich theologische Grundlagen, studierte die Bibel und griechische Autoren wie Philo, Origenes, Athanasius und Basilius von Caesarea, mit dem er auch im Briefwechsel stand (siehe Weblinks). Das neu erworbene Wissen wandte er als Prediger an, wobei er insbesondere das Alte Testament auslegte. Dabei waren ihm seine früher erworbenen Kenntnisse in Rhetorik und in Griechisch, die damals im weströmischen Reich selten wurden, von großem Vorteil.

In der Liturgie führte er den nach ihm benannten Ambrosianischen Gesang ein. Sein Charakter, seine Predigten und Bibelauslegung beeindruckten den Rhetoriker Augustinus von Hippo, der das Griechische nicht beherrschte, so sehr, dass er sich Ostern 387 von ihm taufen ließ, wobei der Überlieferung nach das gregorianische Te Deum als Wechselgesang entstand.

Taufe des Augustinus durch Bischof Ambrosius

Kampf gegen den Arianismus

Entgegen den Erwartungen der Arianer setzte sich Ambrosius erfolgreich für die nizänische Richtung ein. In seinen langjährigen Kämpfen gegen die Arianer, die besonders den Kaiserhof dominierten, wandte Ambrosius abwechselnd theologische und politische Methoden an. Zunächst nutzte er seinen Einfluss, um die Arianer in der illyrischen Kirchenverwaltung zurückzudrängen: 381 sorgte er auf der Regionalsynode von Aquileia für die Absetzung des illyrischen Bischofs Palladius und dessen Presbyters Secundinus. Als die Arianer beim Kaiserhof vorstellig wurden, um in Mailand zumindest eine Kirche vor den Toren der Stadt zugesprochen zu bekommen, schaltete sich Ambrosius ein und mobilisierte seine Anhängerschaft in der Mailänder Bevölkerung. Diese Art des „zivilen Ungehorsams", im autokratischen Römischen Reich der Spätantike ein unerhörter Affront, rechtfertigte er damit, dass in religiösen Dingen nicht der Kaiser, sondern die kirchlichen Amtsträger zu entscheiden hätten. Insbesondere die Kaisermutter Justina zeigte dagegen Sympathien für die arianische Seite, konnte sich aber gegen den selbstbewusst auftretenden Ambrosius nicht durchsetzen. 382 (oder 383) gelang es Ambrosius außerdem Gratian dazu zu bewegen, den Titel Pontifex Maximus abzulegen und die Staatszuwendungen an die heidnischen Tempel einzustellen. Auch im Streit um den Victoriaaltar blieb er gegenüber Quintus Aurelius Symmachus siegreich, der Altar wurde aus der römischen Curia entfernt.

Um 387 überzeugte Ambrosius seinen Freund Gaudentius von Brescia, das Bischofsamt anzunehmen. Wie auch Ambrosius selbst hatte Gaudentius ursprünglich Bedenken, die Bischofswürde zu übernehmen.

Einflussnahme auf Kaiser Theodosius I. zugunsten der Kirche

388 verhinderte Ambrosius die von Kaiser Theodosius I. verfügte rechtmäßige Bestrafung eines mesopotamischen Bischofs, der eine Menge in Kallinikon zum Niederbrennen der dortigen Synagoge aufgehetzt hatte. Ambrosius verlangte brieflich, dass alle Plünderer und Beteiligten straffrei ausgehen sollten und die Synagoge nicht wiederaufgebaut wurde, obwohl das Gesetz dies vorschrieb:

> *Der Comes Orientes berichtet vom Brand einer Synagoge auf die Anstiftung des Ortbischofs hin. Du hast angeordnet, dass die andern bestraft werden sollten und der Bischof persönlich für die Wiederherstellung der Synagoge Sorge zu tragen habe. Ich bestehe nicht darauf, dass der Bericht des betroffenen Bischofs hätte abgewartet werden sollen. Sind es doch die Bischöfe, die aufgebrachte Massen in Schach halten und um den Frieden besorgt sind, es sei denn, sie würden selbst gereizt durch eine Gotteslästerung oder einer Kirche angetanen Schimpf ... Soll [aber allen Ernstes] dem Unglauben der Juden ein Platz geschaffen werden auf Kosten der Kirche ...? Soll das dank der Gnade Christi für Christen erworbene Erbe den Schatz der Ungläubigen vermehren ...? Sollen die Juden diese Inschrift auf die Stirnseite ihrer Synagoge anbringen: 'Der Tempel der Ungerechtigkeit, errichtet aus der den Christen abgenommenen Beute'?*[1]

Der Brief blieb zwar ohne Erfolg, doch zwang der angesehene Bischof den Kaiser zum diplomatischen Einlenken, indem er ihn öffentlich im Gottesdienst kritisierte und sich weigerte, das Messopfer zu vollziehen, bevor der Kaiser nicht eingelenkt hätte[2] . Der Vorgang zeigt, wie Ambrosius sein Bischofsamt gezielt dazu nutzen konnte, um in seinem Sinne auf den getauften Kaiser Einfluss zu nehmen. Zwar stellte der Kaiser nicht die Rechtmäßigkeit des Urteils in Frage, sondern ließ im Sinne des antiken Herrscherideals Milde und Gnade walten, und der Schutz der Juden wurde im Codex Theodosianus ausdrücklich bekräftigt.[3] Dennoch war wirkungsgeschichtlich ein Präzedenzfall geschaffen, der im Zweifelsfall Interessen der Religion vor das Recht stellte und der den bis dahin selbstverständlichen kaiserlichen Rechtsschutz für die Juden auszuhöhlen drohte.

Politisches Wirken

van Dyck: St. Ambrosius und Kaiser Theodosius

390 zwang Ambrosius Theodosius unter Androhung der Exkommunikation sogar zur öffentlichen Reue für das Massaker von Thessaloniki. Diese Aktion ist allerdings nicht zu vergleichen mit dem Bußgang Heinrichs des Vierten nach Canossa, auch wenn einige Autoren von Streitschriften im elften Jahrhundert beide Ereignisse vergleichen – bei Heinrich ging es um einen Machtkampf zwischen Kaiser und Papst, bei Theodosius um die seelsorgerliche Frage, ob der Kaiser über eine eindeutige Sünde erhaben sei oder wie alle anderen in dieser Lage auch dafür Buße tun müsse (*der Kaiser ist in der Kirche, nicht über der Kirche*). Der Kaiser selbst nutzte die Gelegenheit, um sich symbolisch als reuiger Sünder darzustellen und so sein Ansehen wieder zu festigen.

Ambrosius engagierte sich nicht nur in kirchenrechtlichen Angelegenheiten, sondern war durch seine herausgehobene Stellung als Bischof der Residenz Mailand auch politisch gefordert. So trat er dem Usurpator Magnus Maximus, der Italien von Gallien her bedrohte, als Botschafter des Kaisers entgegen. Die theodosianischen Dekrete, die im Jahre 391 das Christentum in der trinitarischen Form zur Staatsreligion erhob, sind vermutlich maßgeblich durch Ambrosius beeinflusst. Bei der Erhebung des Eugenius verhielt sich Ambrosius diesem gegenüber distanziert, nicht zuletzt aufgrund Eugenius' Förderung der alten Kulte (wenn auch manche Quellenaussagen sicherlich übertrieben sind).

Sterben

Ambrosius starb nach einem Episkopat von 23 Jahren am Vorabend von Ostern 397. Sein Nachfolger im Bischofsamt wurde Simplicianus. Er selbst wurde in der nach ihm benannten Basilika Sant'Ambrogio bestattet und verehrt.

Von Ambrosius existiert mit dem Mosaik in der Kirche Sant'Ambrogio eines der wenigen halbwegs realistischen Portraits eines Kirchenmannes der Antike (siehe Bild oben); die leichte Verschiebung des linken Auges wurde durch die Untersuchung seines Leichnams bestätigt.

Theologie

In seiner Bibelauslegung verwendete Ambrosius philonische Vorlagen und wandte die von Origenes in Alexandria entwickelte exegetische Methode der Allegorese an, die dem Bibeltext eine dreifache Bedeutung gibt: den wörtlichen Sinn, den moralischen Sinn und den mystischen Sinn.

Als Theologe hat Ambrosius weniger eigene Gedanken entwickelt als die Texte der östlichen Kirchenväter für die lateinische Welt interpretiert - kirchengeschichtlich ein wesentlicher Faktor zur theologischen Entwicklung der westlichen Kirche, da praktisch alle großen Theologen vor Ambrosius aus dem Osten kamen bzw. in griechischer Sprache geschrieben haben.

Ein Hinweis auf seine Bedeutung für die katholische Kirche ist, dass Ambrosius über zwanzig Mal im Katechismus der Katholischen Kirche zitiert wird (nur übertroffen von Augustinus und Thomas von Aquin).

Von Zeitgenossen wurde sein Beitrag zur Theologie unterschiedlich beurteilt. Hieronymus schreibt, dass Ambrosius ein Vogel sei, der sich mit fremden Federn schmücke und aus gutem Griechisch schlechtes Latein mache. Augustinus dagegen erklärt, dass die Abhandlung über den Heiligen Geist in einfachem Stil geschrieben sei, da das Thema nicht sprachliche Schönheit verlange, sondern Argumente, die den Verstand seiner Leser bewegen.

Die Ambrosianische Liturgie kennt die Fußwaschung als Sakrament.

Siehe auch: Ambrosianischer Ritus

Heiligenverehrung

Ambrosius ist der Schutzpatron der Städte Mailand und Bologna. Krämer, Imker, Wachszieher und Lebkuchenbäcker haben ihn als Schutzheiligen, und er ist der Schutzpatron der Bienen, der Haustiere und des Lernens.

In der Kunst sind seine Attribute Bienenkorb, Buch und Geißel.

Sein Gedenktag in der katholischen, anglikanischen und orthodoxen Kirchen ist der 7. Dezember, in manchen evangelischen Kirchen der 4. April.

Ambrosius von Mailand, Statue, Ostbevern

Bauernregel

Die dem Namenstag entsprechende Bauernregel lautet:

> *Ist Ambrosius schön und rein, wird Sankt Florian (4.5.) ein Wilder sein.*

Schutzpatron der Imker

Der heilige Ambrosius ist Schutzpatron der Imker. Ambrosius gilt als Seelentröster und hilft, in der Not die richtigen Worte zu finden. Eine Legende um den Mailänder Bischof Ambrosius (339-397) liefert einen anschaulichen Beweis dafür, welche Bedeutung Bienen und Honig für das christliche Mittelalter hatten: Als der spätere Kirchenmann noch ein Kind war, soll sich ein Bienenschwarm auf seinem Gesicht niedergelassen haben. Die Bienen seien gar in den Mund des Kindes gekrochen und hätten es mit Honig genährt. All dies wurde als ein Zeichen Gottes und ein Hinweis auf die große Zukunft des Kindes gedeutet. Aufgrund dieser Geschichte wird Ambrosius auf Gemälden meist mit einem Bienenkorb als Attribut abgebildet. Bienen werden wegen ihres seit jeher wertvollen Honigs und wegen des Wachses, dem über Jahrhunderte einzigen Material für die Kerzenherstellung, im Gesang des Exsultet geehrt und gelten als Symbol des Fleißes. In Österreich ist der 7. Dezember daher auch Tag des Honigs.

Werke und Überlieferung

1. *De fide ad Gratianum* (Über den Glauben) – Abhandlung gegen den Arianismus, geschrieben für Kaiser Gratianus
2. *De institutione virginis et S. Mariae virginitate perpetua* (Institution der Jungfrau und die immerwährende Jungfräulichkeit der hl. Maria; christlich-ethische Schrift über die Jungfräulichkeit) Um 392.
3. *De Nabuthe Iezraelita* (Über den Israeliten Nabuth; Homilie gegen die Habgier) Um 389. Überliefert in einer Handschrift aus dem 6. Jh. in Parisinus lat. 1732. Übersetzung von J. Huhn (Freiburg 1950).
4. *De officiis ministrorum* (Über die Pflichten der Kirchendiener; Christliche Tugendlehre, Nachahmung von Ciceros Schrift de officiis. Erste christliche Tugendlehre) Geschrieben 388/389. Überliefert in zwei Handschriften aus dem 8./9. und 9. Jahrhundert in Sammlungen Monacensis lat. 14.641 und Herbipolitanus (Würzburg) Ms. theol. 7. Deutsche Übersetzung von J. E. Niederhuber: *Des heiligen Kirchenlehrers Ambrosius von Mailand Pflichtenlehre und ausgewählte kleinere Schriftem.* In: *Bibliothek der Kirchenväter, Ambrosius von Mailand. Ausgewählte Schriften* Bd. III, Kempten, München 1917.
5. *De sacramentis* (Über die Sakramente; Abhandlung über Taufe, Firmung und Eucharistie in 6 Büchern online (rtf) [4]) Handschrift aus dem 7./8. Jh. in Sangallensis 188. Lat-deutsche Ausgabe von Ambrosius von J. Schmitz: *Über die Sakramente / Über die Mysterien.* Freiburg 1990, (kart.: ISBN 3-451-22103-9; geb.: ISBN 3-451-22203-5)
6. *De Tobia* (Über Tobias; Homilie gegen den Wucher.) Um 375/376. Überliefert in einer Handschrift aus dem 6. Jh. in Parisinus lat. 1732.
7. *De virginibus ad Marcellinam sororem* (Über die Jungfrauen an die Schwester Marcellina; christlich-ethische Schrift über die Jungfräulichkeit in 3 Büchern; online (rtf) [5]) Um 377/378. Übersetzung von Johannes Evangelist Niederhuber: *Über die Jungfrauen drei Bücher.* In: *Des heiligen Kirchenvaters Ambrosius ausgewählte Schriften* Bd. 3; Bibliothek der Kirchenväter, 1. Reihe, Band 32. Kempten; München 1917.
8. *De virginitate* (Über die Jungfräulichkeit; christlich-ethische Schrift über die Jungfräulichkeit) Übersetzung von Johannes Evangelist Niederhuber: *Über die Jungfrauen drei Bücher.* In: *Des heiligen Kirchenvaters Ambrosius ausgewählte Schriften* Bd. 3; Bibliothek der Kirchenväter, 1. Reihe, Band 32. Kempten; München 1917.
9. *Epistulae* (Briefe; Sammlung von 91 Briefen in 10 Büchern nach dem Muster des Plinius d.J.; Gutachten, Denkschriften, theologische Probleme und ein Brief an Valentinian I. über die pagane Religion)
10. *Exhortatio virginitatis* (Ermahnung zur Jungfräulichkeit; christlich-ethische Schrift über die Jungfräulichkeit) Übersetzung von Johannes Evangelist Niederhuber: *Über die Jungfrauen drei Bücher.* In: *Des heiligen Kirchenvaters Ambrosius ausgewählte Schriften* Bd. 3; Bibliothek der Kirchenväter, 1. Reihe, Band 32. Kempten; München 1917.
11. *Explanatio Symboli ad initiandos* (Auslegung des Glaubensbekenntnisses für Taufwillige; Dogmatische Schrift)
12. *Hexaemeron* (Sechstagewerk; Exegese über Genesis 1,1-1,26; Rezeption des gleichnamigen Werkes des Basileios) 386/387. Die älteste erhaltene Handschrift stammt aus dem 8. Jahrhundert in Cantabrigensis Coll. corp. Christi 193. Deutsche Übersetzung von Johannes Evangelist Niederhuber in: *Bibliothek der Kirchenväter.* Band 17. München 1994.
13. *Hymni* (Hymnen; Sammlung von 14 Hymnen theologischen, spirituellen und ethischen Inhalts; von einigen ist die Echtheit bestritten)
14. *Orationes* (Reden; 5 Reden, davon 4 Trauerreden, zwei auf den Bruder, eine auf Kaiser Valentinian I. und eine auf Kaiser Theodosius I. online (rtf) [6])

Die erste Gesamtausgabe wurde von Johann Auerbach in 3 Bänden (Basel 1492) besorgt. Als beste vollständige Ausgabe gilt die *Mauriner-Ausgabe* von J. du Frische und N. de Nourry in 2 Bänden (Paris 1686-1690)

- *Exposition in Lucam* Kommentar über das Lukas-Evangelium online (rtf) [7]

Von Ambrosius stammen auch die lateinischen Texte einiger Hymnen und Kirchenlieder, die bis heute in der katholischen und evangelischen Kirche gesungen werden: z. B.

- *Nun komm, der Heiden Heiland / Komm, du Heiland aller Welt* (*Veni redemptor gentium*),
- *Erhabner Schöpfer aller Ding'* (*Aeterne rerum conditor*),
- *Du Schöpfer aller Wesen* (*Deus, creator omnium*),
- *Du Glanz aus Gottes Herrlichkeiten* (*Splendor paternae gloriae*).

Der Überlieferung nach sollen Augustinus und Ambrosius gemeinsam das Te Deum getextet und komponiert haben. Als Augustinus als Erwachsener das Sakrament der Taufe empfing, soll Ambrosius diesen Hymnus angestimmt und Augustinus versweise darauf geantwortet haben.

Literatur

- Ernst Dassmann: *Ambrosius von Mailand. Leben und Werk.* Stuttgart 2004.
- Christoph Markschies: *Ambrosius von Mailand und die Trinitätstheologie*. Tübingen 1995.

Weblinks

- Literatur von und über Ambrosius von Mailand [8] im Katalog der Deutschen Nationalbibliothek
- *Ambrosius von Mailand* [9]. In: *Biographisch-Bibliographisches Kirchenlexikon* (BBKL).
- Christian Classics Ethereal Library, Werke von Ambrosius [10] (englisch)
- Hymni Ambrosii [11] (lateinisch)
- Brief des Basilius von Caesarea an Ambrosius [12] (englisch)
- Gesamtwerk von Migne Patrologia Latina mit Inhaltsverzeichnis [13]
- Werke aus der BKV - Bibliothek der Kirchenväter [14] (deutsch)

Referenzen

[1] MPL 16, ep. 40,6.10, zit. nach Adolf Martin Ritter, Alte Kirche, Kirchen- und Theologiegeschichte in Quellen Bd. 1, Neukirchen 1977, S. 187
[2] Hans von Campenhausen, Lateinische Kirchenväter, 5. Aufl. Stuttgart u.a. 1987, S. 100
[3] Cod. Theod. 16,8.9.
[4] http://www.unifr.ch/bkv/ausgabe.php?werknr=145
[5] http://www.unifr.ch/bkv/ausgabe.php?werknr=144
[6] http://www.unifr.ch/bkv/ausgabe.php?werknr=143
[7] http://www.unifr.ch/bkv/ausgabe.php?werknr=72
[8] https://portal.d-nb.de/opac.htm?query=Woe%3D118502456X&method=simpleSearch
[9] http://www.bbkl.de/a/ambrosius_b_v_m.shtml
[10] http://www.ccel.org/fathers2/NPNF2-10/TOC.htm
[11] http://www.fh-augsburg.de/~harsch/amb_hy00.html
[12] http://www.ccel.org/fathers2/NPNF2-08/Npnf2-08-215.htm
[13] http://www.documentacatholicaomnia.eu/20_40_0339-0397-_Ambrosius_Mediolanensis,_Sanctus.html
[14] http://www.unifr.ch/bkv/awerk.htm

Paulusbriefe

Neues Testament
Evangelien
• Matthäus • Markus • Lukas • Johannes
Apostelgeschichte
Paulusbriefe
• Römer • 1. Korinther • 2. Korinther • Galater • Epheser • Philipper • Kolosser • 1. Thessalonicher • 2. Thessalonicher • 1. Timotheus • 2. Timotheus • Titus • Philemon • Hebräer
Katholische Briefe
• Jakobusbrief • 1. Petrus • 2. Petrus • 1. Johannes • 2. Johannes • 3. Johannes • Judas
Offenbarung

Paulusbriefe oder **paulinische Briefe** werden jene Briefe bzw. Episteln des Neuen Testaments genannt, welche nach traditioneller Auffassung den Apostel Paulus zum Urheber haben. Diese Briefe stehen am Anfang der neutestamentlichen Briefliteratur und bilden vom Umfang her den Hauptteil. Wissenschaftlich gilt aber nur ein Teil davon, der im Folgenden mit *(*)* gekennzeichnet wird, als unbestritten vom Apostel selbst verfasst, während die übrigen als Pseudepigraphen angesehen werden.

Es handelt sich im Einzelnen um

- den Brief des Paulus an die Römer *(*)*
- die zwei Briefe des Paulus an die Korinther *(*)*
- den Brief des Paulus an die Galater *(*)*
- den 1. Brief des Paulus an die Thessalonicher *(*)* und den 2. Brief des Paulus an die Thessalonicher

die Gefangenschaftsbriefe, die Paulus als Gefangener (in Rom, Caesarea oder Ephesus) geschrieben hat

- den Brief des Paulus an die Epheser

- den Brief des Paulus an die Philipper *(*)*
- den Brief des Paulus an die Kolosser
- den Brief des Paulus an Philemon *(*)*

die Pastoralbriefe

- die zwei Briefe des Paulus an Timotheus
- den Brief des Paulus an Titus

Auch der Brief an die Hebräer galt zwischenzeitlich bei einigen Theologen als Brief des Apostels Paulus, hat aber keine Verfasserangabe; schon die Kirchenväter haben sich davon überzeugt, dass er einen anderen Verfasser hat.

Literatur

- Klaus-Michael Bull: Die kanonischen Schriften und die Apostolischen Väter, Neukirchner Verlag 2006, ISBN 3-7887-2199-5
- Hans Conzelmann, Andreas Lindemann: Arbeitsbuch zum Neuen Testament, Tübingen: Mohr Siebeck 2000, ISBN 3-8252-0052-3
- Udo Schnelle: Einleitung in das Neue Testament, Göttingen: Vandenhoeck & Ruprecht, 5. durchges. Aufl. 2005, ISBN 3-525-03238-2

Brief des Paulus an die Römer

Neues Testament
Evangelien
• Matthäus • Markus • Lukas • Johannes
Apostelgeschichte
Paulusbriefe
• Römer • 1. Korinther • 2. Korinther • Galater • Epheser • Philipper • Kolosser • 1. Thessalonicher • 2. Thessalonicher • 1. Timotheus • 2. Timotheus • Titus • Philemon • Hebräer
Katholische Briefe
• Jakobusbrief • 1. Petrus • 2. Petrus

• 1. Johannes • 2. Johannes • 3. Johannes • Judas
Offenbarung

Der **Brief des Paulus an die Römer** ist ein Buch des Neuen Testaments der christlichen Bibel. Verfasst hat den Brief Paulus von Tarsus in Korinth. Der Brief gehört zu den sieben Briefen von Paulus, deren Authentizität nicht umstritten ist. Seit dem Mittelalter wird er in 16 Kapitel unterteilt. Er ist in einer Form der griechischen Sprache, der so genannten Koine, verfasst.

Geschichte

Der Brief wurde wahrscheinlich in Korinth oder möglicherweise im nahegelegenen Kenchreai geschrieben. Phoibe aus Kenchreai (Röm 16,1 [1]) brachte den Brief anscheinend nach Rom, und der Korinther Gaius hatte Paulus zur Zeit der Abfassung des Briefes bei sich aufgenommen (Röm 16,23 [2]; 1 Kor 1,14 [3]).

Der genaue Zeitpunkt der Abfassung ist im Brief nicht erwähnt, doch wurde er offensichtlich verfasst, nachdem die Sammlung für Jerusalem abgeschlossen war, und Paulus kurz vor seiner Abreise nach Jerusalem stand, »um den Heiligen einen Dienst zu erweisen«, d. h. am Ende seines zweiten Aufenthalts in Griechenland und während des Winters vor seinem letzten Besuch von Jerusalem, zwischen 56-58 n. Chr. (Röm 15,25; vgl. Apg 19,21; 20,2f.16; 1Kor 16,1-4)

Das Christentum hatte in Rom zunächst unter den vielen Juden und in jüdischen Synagogengemeinden Anhänger gefunden. Doch zur Zeit des Römerbriefs waren Christen in den Synagogen schon nicht mehr geduldet und die Kirche bestand aus Judenchristen und Heidenchristen. Die Kirche muss schon eine beachtliche Größe erreicht haben und sie war auf mehrere Hausgemeinden verteilt (Röm 16:5.10f.14f.).

Viele der Ausführungen des Paulus im Römerbrief finden in früheren Paulusbriefen, insbesondere dem Galaterbrief und den Korintherbriefen schon ihre Vorläufer.

Literarischer Charakter

Paulus benutzt teilweise die in seiner Zeit geläufige Form einer Diatribe, wenn er schreibt, als antworte er auf Zwischenrufe. Der Text ist dementsprechend wie eine Diskussion strukturiert. Der Brief richtet sich an die Gemeinde Roms, die sowohl aus Heidenchristen wie aus Judenchristen bestand. Im Ablauf des Briefes wechselt Paulus die Ansprechpartner: Zum Teil scheint er sich an die Judenchristen, dann an Heidenchristen und manchmal auch an die ganze Gemeinde zu richten.

Inhalt

Das zentrale Thema des Briefes ist das Evangelium von Jesus Christus (1,16f.). Nach Paulus sind alle Menschen schuldig und gegenüber Gott für ihre Sünden verantwortlich. Nur durch den Tod und die Auferstehung Jesu Christi kann die Menschheit Erlösung erlangen. Gott ist deshalb gerechter Richter und gleichzeitig derjenige, der gerecht macht. Als Antwort auf Gottes freie, souveräne und gnädige rettende Tat, können wir durch den Glauben gerechtfertigt werden. Paulus benutzt das Beispiel Abrahams, um zu zeigen, dass die Menschheit durch den Glauben und nicht durch Werke vor Gott gerecht gemacht wird. Weitere zentrale Aussagen betreffen:

- die Errettung aus Gnade,
- den Friede mit Gott,
- daß Gott uns liebt,
- das wichtigste Gebot,

- Freude,
- Christus als unser Leben.

Heilsgewissheit in der Hoffnung

In den Kapiteln fünf bis acht versucht Paulus seine Leser zu überzeugen, dass sie ihrer Hoffnung auf Erlösung versichert sein können, und dass die Gläubigen von der Knechtschaft der Sünde und der Beherrschung durch das Gesetz befreit sind. In den Kapiteln neun bis elf behandelt Paulus die Treue Gottes zu Israel: Gott steht treu zu seinen Verheißungen, aber »nicht alle, die aus Israel stammen, sind Israel« (9,6b). Paulus betont die Freiheit Gottes in der Wahl derer, die er rettet, und derer, die er nicht rettet, aber schließt das Thema mit der Verheißung, dass, wenn »die Heiden in voller Zahl das Heil erlangt haben«, auch »ganz Israel gerettet werden« wird (11,25f.).

Das Evangelium macht den Glaubenden neu

In Kapitel zwölf bis in die erste Hälfte von Kapitel 15 beschäftigt sich Paulus damit, wie das Evangelium die Gläubigen verwandelt, und geht auf das Verhalten ein, das aus dieser Verwandlung folgt. In diesem Teil spricht Paulus auch die Spannungen zwischen denen, die die jüdischen Traditionen befolgen, und denen, die dies nicht tun, an. Die abschließenden Verse enthalten eine Beschreibung seiner Reisepläne und persönliche Grüße. Ein Drittel der namentlich Angesprochenen sind Frauen. Ein Anzeichen für die wichtige Rolle, die Frauen in der frühen Kirche Roms spielten.

Gliederung

Die ganze Menschheit ist unter der Herrschaft der Sünde (1-2)

Nur der Glaube rettet (3-4)

Frieden mit Gott und neues Leben (5-6)

Das Gesetz und seine Überwindung (7-8)

Gottes Weg mit Israel/Die endgültige Rettung Israels (9-11)

Das christliche Leben/Das Leben der Glaubenden (12-15)

Reisepläne und Grüße (15-16)

Wirkungsgeschichte

Der Römerbrief hatte eine kirchengeschichtliche Wirkung wie kein anderes biblisches Buch. So hatte Martin Luther während der Lektüre des Römerbriefs, genauer: beim Studium von Röm 1,16+17, die Erkenntnis, dass allein Gottes Gnade den Menschen vor Gott gerecht sein lässt, was später zentrales Element der Reformation wurde. John Wesley, einer der Mitbegründer des Methodismus, erlebte eine innere Bekehrung durch Luthers Vorrede zum Römerbrief. Theologen des 20. Jahrhunderts wie z.B. Karl Barth, sowie die Theologie im 20. Jahrhundert wurden durch den Römerbrief geprägt.

Diese Wirkung lässt sich damit erklären, dass im Römerbrief die zentralen Elemente und Gedanken des Christentums ausgeführt werden. Luther schätzte den Brief als so zentral ein, dass man – selbst wenn man kein anderes biblisches Buch kennt – Christus gezeigt bekommt und alles erfährt, was wichtig ist.

Personen

- Paulus
- Adam
- Moses
- Christus

Siehe auch

- Paulusbriefe
- Bibelstudium

Literatur

Einführung

- Horst Balz: *Römerbrief.* In: Theologische Realenzyklopädie 29 (1998), S. 291-311 (umfassender Überblick)
- Michael Theobald: *Der Römerbrief.* Erträge der Forschung 294. Wiss. Buchges., Darmstadt 2000 ISBN 3-534-10912-0 (gute Einführung in den Forschungsstand)
- Watson E. Mills: *Romans.* Bibliographies for Biblical Research, New Testament Series 6. Mellen Biblical Press, Lewiston u.a. 1996 ISBN 0-7734-2418-0

Kommentare

- Ulrich Wilckens: *Der Brief an die Römer.* Evangelisch-katholischer Kommentar zum Neuen Testament 6. Neukirchener Verl., Neukirchen-Vluyn u.a. 1978-1982 (ausführlichster Kommentar)
  - Teilbd. 1: *Röm 1-5*, 1978 2. Aufl. 1987 ISBN 3-545-23103-8
  - Teilbd. 2: *Röm 6-11*, 1980 4. Aufl. 2003 ISBN 3-545-23104-6
  - Teilbd. 3: *Röm 12-16*, 1982 3. Aufl. 2003 ISBN 3-545-23105-4
- C. E. B. Cranfield: *A Critical and Exegetical Commentary on the Epistle to the Romans.* 2 Bde. ICC. T. & T. Clark, Edinburgh 1979
- Joseph A. Fitzmyer: *Romans. A New Translation with Introduction and Commentary.* The Anchor Bible 33. Doubleday, New York u.a. 1993 ISBN 0-385-23317-5
- Rudolf Pesch: *Römerbrief.* Die neue Echter-Bibel 6. Echter-Verl., Würzburg 3. Aufl. 1994 ISBN 3-429-00844-1 (allgemeinverständlich)
- Werner de Boor: *Der Brief des Paulus an die Römer* Wuppertaler Studienbibel.NT 7. Brockhaus, Wuppertal u.a. 12. Aufl. 1995 ISBN 3-417-25007-2 (allgemeinverständlich, anwendungsorientiert)
- Heiko Krimmer: *Römerbrief.* Edition C Bibelkommentar Neues Testament 10. Hänssler, Neuhausen-Stuttgart 1996 (allgemeinverständlich, anwendungsorientiert)
- Erik Peterson: *Der Brief an die Römer.* Ausgewählte Schriften 6. Aus dem Nachlaß hrsg. von Barbara Nichtweiß unter Mitarb. von Ferdinand Hahn. Echter, Würzburg 1997 ISBN 3-429-01887-0
- Thomas R. Schreiner: *Romans.* Baker Exegetical Commentary on the New Testament 6. Baker Books, Grand Rapids 1998 ISBN 0-8010-2149-9
- Adolf Pohl: *Der Brief des Paulus an die Römer.* Wuppertaler Studienbibel.NT Ergänzungsfolge 6. Brockhaus, Wuppertal 1998 ISBN 3-417-25026-9 (allgemeinverständlich, anwendungsorientiert)
- Douglas J. Moo: *The Epistle to the Romans.* The New International Commentary on the New Testament. Eerdmans, Grand Rapids 2. Aufl. 1998 ISBN 0-8028-2317-3
- Otto Michel, *Der Brief an die Römer*, Kritisch-exegetischer Kommentar über das Neue Testament 4, Göttingen 14. Aufl. 1978.
- Peter Stuhlmacher: *Der Brief an die Römer.* Das Neue Testament deutsch 6. Göttingen 15. Aufl. 1998 ISBN 3-525-51372-0 (allgemeinverständlich)

- Klaus Haacker: *Der Brief des Paulus an die Römer.* Theologischer Handkommentar zum Neuen Testament 6. Deichert, Leipzig 2. Aufl. 2002 ISBN 3-374-01718-5
- Heinrich Schlier: *Der Römerbrief.* Herders theologischer Kommentar zum Neuen Testament 6. Herder, Freiburg i. Br. 2002
- Eduard Lohse: *Der Brief an die Römer.* Kritisch-exegetischer Kommentar über das Neue Testament 4. Vandenhoeck und Ruprecht, Göttingen 15. Aufl. (1. Aufl. dieser Auslegung) 2003 ISBN 3-525-51630-4
- Ben Witherington III (with Darlene Hyatt): *Paul's Letter to the Romans. A Socio-Rhetorical Commentary* Eerdmans, Grand Rapids 2004 ISBN 0-8028-4504-5
- Wilhelm Pratscher, Ein Dokument macht Geschichte. Der Römerbrief des Apostels Paulus, in: Wiener Jahrbuch für Theologie 7, 2008, S. 167-180 ISBN 978-3-8258-1596-7

Klassische Auslegungen

- Origenes: *Commentarii in epistulam ad Romanos. Lateinisch und deutsch. Römerbriefkommentar.* 6 Bde. Fontes Christiani 2. Herder, Freiburg i. Br. 1990-1999
- Petrus Abaelardus: *Expositio in epistolam ad Romanos. Lateinisch - deutsch. Römerbriefkommentar.* 3 Bde. Fontes Christiani 26. Herder, Freiburg 2000
- Martin Luther: *Vorrede zum Römerbrief. 1522.* Vandenhoeck und Ruprecht, Göttingen 1982
- Jean Calvin: *Der Brief an die Römer. Ein Kommentar.* Calvin-Studienausgabe Bd. 5,1. Neukirchener Verl., Neukirchen-Vluyn 2005 ISBN 3-7887-2100-6
- Johann Albrecht Bengel: *Gnomon. Auslegung des Neuen Testamentes in fortlaufenden Anmerkungen.* Bd. 2: Briefe und Offenbarung. Stuttgart 8. Aufl. 1970 (S. 1-130)
- Karl Barth: *Der Römerbrief.* 15. Aufl. Theol. Verlag, Zürich 1989 ISBN 3-290-11363-9

Einzelstudien

- Lutz Pohle: *Die Christen und der Staat nach Römer 13. Eine typologische Untersuchung der neueren deutschsprachigen Schriftauslegung.* Matthias-Grünewald-Verl., Mainz 1984 ISBN 3-7867-1129-1
- Walter Simonis: *Der gefangene Paulus. Die Entstehung des sogenannten Römerbriefs und anderer urchristlicher Schriften in Rom.* Lang, Frankfurt a.M. 1990 ISBN 3-631-42024-2
- William S. Campbell: *Paul's Gospel in an Intercultural Context. Jew and Gentile in the Letter to the Romans.* Studien zur interkulturellen Geschichte des Christentums 69. Lang, Frankfurt a.M. u.a. 1991 ISBN 3-631-42981-9
- Bernhard Kaiser: *Luther und die Auslegung des Römerbriefes. Eine theologisch-geschichtliche Beurteilung.* Biblia et Symbiotica 9. Verl. für Kultur und Wiss., Bonn 1995 ISBN 3-926105-35-6
- Anthony J. Guerra: *Romans and the Apologetic Tradition. The Purpose, Genre, and Audience of Paul's Letter.* MSSNTS 81. Cambridge University Press, Cambridge u.a. 1995 ISBN 0-521-47126-5
- John D. Moores: *Wrestling with Rationality in Paul. Romans 1-8 in a New Perspective.* MSSNTS 82. Cambridge Univ. Press, Cambridge u.a. 1995 ISBN 0-521-47223-7
- Stanley K. Stowers: *A Rereading of Romans. Justice, Jews, and Gentiles.* Yale University Press, New Haven u.a. 1997 ISBN 0-300-07068-3
- Krister Stendahl: *Das Vermächtnis des Paulus. Eine neue Sicht auf den Römerbrief.* Theologischer Verl., Zürich 2001 ISBN 3-290-17275-9
- Gary W. Burnett: *Paul and the Salvation of the Individual.* Biblical Interpretation Series 57. Brill, Leiden u.a. 2001 ISBN 90-04-12297-4
- Angelika Reichert: *Der Römerbrief als Gratwanderung. Eine Untersuchung zur Abfassungsproblematik.* FRLANT 194. Vandenhoeck & Ruprecht, Göttingen 2001 ISBN 3-525-53878-2
- Mikael Tellbe: *Paul between Synagogue and State. Christians, Jews, and Civic Authorities in 1 Thessalonians, Romans, and Philippians.* Coniectanea biblica, New Testament series 34. Almqvist & Wiksell International, Stockholm 2001 ISBN 91-22-01908-1

- William O. Walker, Jr.: *Interpolations in the Pauline Letters.* JSNTSup 213. Sheffield Academic Press, London u.a. 2001 ISBN 1-84127-198-5
- Shiu-Lun Shum: *Paul's Use of Isaiah in Romans. A Comparative Study of Paul's Letter to the Romans and the Sibylline and Qumran Sectarian Texts.* WUNT II/156. Mohr, Tübingen 2002 ISBN 3-16-147925-4
- Simon J. Gathercole: *Where is Boasting? Early Jewish Soteriology and Paul's Response in Romans 1-5.* Eerdmans, Grand Rapids 2002 ISBN 0-8028-3991-6
- Gertrud Yde Iversen: *Epistolarität und Heilsgeschichte. Eine rezeptionsästhetische Auslegung des Römerbriefs.* Theologie interaktiv 2. Lit Verlag, Münster u.a. 2003 ISBN 3-8258-4928-7
- Jacek Machura: *Die paulinische Rechtfertigungslehre. Positionen deutschsprachiger katholischer Exegeten in der Römerbriefauslegung des 20. Jahrhunderts.* Eichstätter Studien N.F. 49. Pustet, Regensburg 2003 ISBN 3-7917-1843-6
- Michael Theobald: *Studien zum Römerbrief.* WUNT 136. Mohr Siebeck, Tübingen 2003 ISBN 3-16-148148-8
- Volker Gäckle: *Die Starken und die Schwachen in Korinth und in Rom. Zu Herkunft und Funktion der Antithese in 1 Kor 8,1-11,1 und Röm 14,1-15,13.* WUNT II/200. Mohr Siebeck, Tübingen 2004 ISBN 3-16-148678-1
- Eduard Lohse: *Theologische Ethik im Römerbrief des Apostels Paulus.* Nachrichten der Akademie der Wissenschaften in Göttingen I. Philologisch-Historische Klasse 2004,6. Vandenhoeck & Ruprecht, Göttingen 2004
- Yeo Khiok-khng (Hrsg.): *Navigating Romans through Cultures. Challenging Readings by Charting a New Course.* Romans through History and Cultures Series. T. & T. Clark Intl., New York u.a. 2004 ISBN 0-567-02501-2
- Hermann Lichtenberger: *Das Ich Adams und das Ich der Menschheit. Studien zum Menschenbild in Römer 7.* WUNT 164. Mohr Siebeck, Tübingen 2004 ISBN 3-16-148276-X
- Dierk Starnitzke: *Die Struktur paulinischen Denkens im Römerbrief. Eine linguistisch-logische Untersuchung.* BWANT 163. Kohlhammer, Stuttgart 2004 ISBN 3-17-018531-4
- Angelika Winterer: *Verkehrte Sexualität - ein umstrittenes Pauluswort. Eine exegetische Studie zu Röm 1,26f. in der Argumentationsstruktur des Römerbriefes und im kulturhistorisch-sozialgeschichtlichen Kontext.* EHS 23/810. Lang, Frankfurt am Main u.a. 2005 ISBN 3-631-53766-2

Weiteres

- Klaus Berger: *Gottes einziger Ölbaum. Betrachtungen zum Römerbrief.* Quell-Verl., Stuttgart 1990 ISBN 3-7918-1414-1
- Joachim Cochlovius: *Leben im Zeichen des Kreuzes. Eine Auslegung des Römerbriefs.* Hänssler, Neuhausen-Stuttgart 1997 ISBN 3-7751-2651-1
- Walter Lüthi: *Der Römerbrief.* Brunnen-Verl., Gießen u.a. 2001 ISBN 3-7655-3711-X
- Raniero Cantalamessa: *Als neuer Mensch leben. Die geistliche Botschaft des Römerbriefes.* Aus d. Ital. von Ingrid Stampa. Herder, Freiburg i. Br. 2003 ISBN 3-451-28020-5
- Tim Schramm: *"Die Bibel ins Leben ziehen". Bewährte "alte" und faszinierende "neue" Methoden lebendiger Bibelarbeit.* Kohlhammer, Stuttgart 2003 ISBN 3-17-017897-0
- Giorgio Agamben: *Die Zeit, die bleibt. Ein Kommentar zum Römerbrief.* Aus dem Ital. von Davide Giuriato. edition suhrkamp 2453. Suhrkamp, Frankfurt a.M. 2006 ISBN 3-518-12453-6

Weblinks

- http://www.bibel-online.net/buch/45.roemer/(Übersetzung Martin Luthers in der revidierten Fassung von 1984)
- http://www.diebibel4you.de/apostel/rom.html (unrevidierte Elberfelder Übersetzung)
- Luthers Vorrede zum Römerbrief [4] auf www.reformatorischeschriften.de

Referenzen

[1] http://www.bibleserver.com/go.php?lang=de&bible=EU&ref=R%C3%B6m16%2C1
[2] http://www.bibleserver.com/go.php?lang=de&bible=EU&ref=R%C3%B6m16%2C23
[3] http://www.bibleserver.com/go.php?lang=de&bible=EU&ref=1+Kor1%2C14
[4] http://www.reformatorischeschriften.de/Vorrede/roemer.html

Annaba

Koordinaten: 36° 54′ N, 7° 45′ O [1]

Annaba (arab.: عنابة, DMG *ʿAnnaba*) – in der Antike unter den Numidern: **Hippo**, später: **Hippo Regius**; arab.: *Beleb el-Anab*; frz. (1830–1962): *Bône* – ist eine Küstenstadt am Mittelmeer im äußersten Nordosten Algeriens mit etwa 207.617 Einwohnern (Stand: 2008). Sie liegt in der gleichnamigen Provinz Annaba, deren Hauptstadt sie ist, nahe der Grenze zu Tunesien.

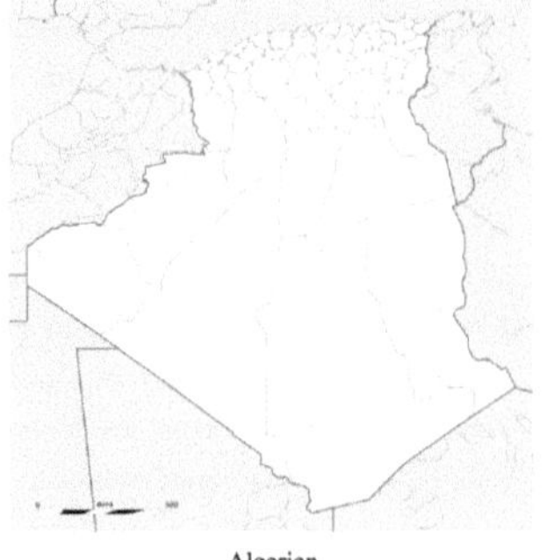

Algerien

2004 waren an der Universität von Annaba etwa 40.000 Studenten immatrikuliert. Die Stadt verfügt über einen internationalen Flughafen (IATA-Code: AAE).

Geschichte

Hippo (phönik.: *Ippo* = „Festung"; spätlat.: *Hippona*; unter den Numidern: *Hippo Regius*), wurde von Phönikern aus Tyros vermutlich um 1200 v. Chr. als Handelsniederlassung gegründet. Zur Zeit des 1. Punischen Krieges eroberte der Massylierherrscher Gala diese Kolonie, sein Sohn Masinissa machte sie 201 bis 149 v. Chr. zur Residenz der Numiderkönige (daher ihr Beiname Regius). 46 v. Chr. wurde Hippo Regius von den Römern eingenommen und bekam später den Rechtsstatus einer Kolonie. Der Handel in Hippo war ein äußerst blühender; von hier (und Karthago) bezog Rom seine meisten afrikanischen Produkte. Der bis heute berühmteste Einwohner der Stadt war der heilige Augustinus, der von 396 bis 430 Bischof von Hippo war. Der Bischofssitz hatte überregionale Bedeutung, von 393 bis 401 fanden hier zahlreiche kirchliche Konzilien und Synoden statt. Im Jahre 431 wurde die Stadt nach einer 18-monatigen Belagerung von den Vandalen unter Geiserich eingenommen und war anschließend bis zur Eroberung Karthagos acht Jahre lang Hauptstadt des vandalischen Reiches. Nach dem Zusammenbruch des Vandalenreiches wurde Hippo 534 dem Oströmischen Reich angegliedert. 647 drangen muslimische Araber erobernd in diese oströmische Provinz ein, erstürmten die Stadt und zerstörten sie bis auf die Grundmauern.

Im 11. Jahrhundert gründeten die Araber einige Kilometer von den Ruinen des antiken Stadtzentrums entfernt die Stadt *Beleb el-Anab*, die sich zum heutigen Annaba entwickelte. 1830 kam die Stadt als *Bône* unter französische Herrschaft. Französische Ausgrabungen haben in Hippo einige sehenswerte Ruinen ans Licht gebracht, darunter auch eine frühchristliche Basilika, die als Bischofskirche des hl. Augustinus angesprochen wird. Nach dem Algerienkrieg 1962 verließ die bis dahin recht zahlreiche europäische Bevölkerung (meist Franzosen, Italiener und

Malteser) Bône.

Söhne und Töchter der Stadt

- Augustinus, Kirchenvater, (354–430)
- Albert Camus, französischer Philosoph des 20. Jahrhunderts
- Saïd Brahimi, algerisch-französischer Fußballspieler und -trainer
- Edwige Fenech, italienische Filmschauspielerin

Weblinks

- AnnabaCity.net Annaba City [2], *www.annabacity.net (französisch)*
- Annaba [3], *www.el-annabi.com (französisch)*

Referenzen

[1] http://toolserver.org/~geohack/geohack.php?pagename=Annaba&language=de¶ms=36.9041666667_N_7.75194444444_E_region:DZ_type:city(385000)

[2] http://www.annabacity.net

[3] http://www.el-annabi.com

Pavia

Pavia	
	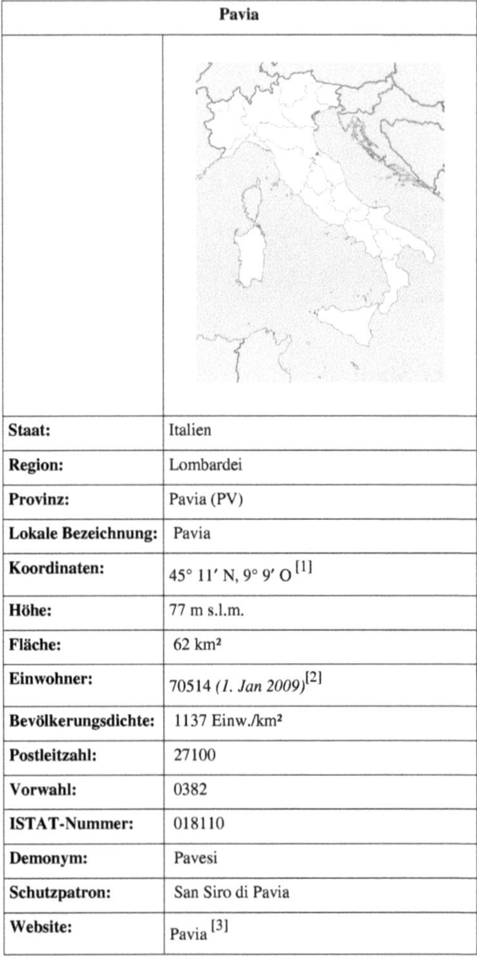
Staat:	Italien
Region:	Lombardei
Provinz:	Pavia (PV)
Lokale Bezeichnung:	Pavia
Koordinaten:	45° 11′ N, 9° 9′ O [1]
Höhe:	77 m s.l.m.
Fläche:	62 km²
Einwohner:	70514 *(1. Jan 2009)*[2]
Bevölkerungsdichte:	1137 Einw./km²
Postleitzahl:	27100
Vorwahl:	0382
ISTAT-Nummer:	018110
Demonym:	Pavesi
Schutzpatron:	San Siro di Pavia
Website:	Pavia [3]

Pavia (deutsch älter auch: *Pawei*) ist eine Stadt mit 70.514 Einwohnern (Stand 1. Januar 2009) in der südwestlichen Lombardei, im Norden Italiens, etwa 35 Kilometer südlich von Mailand am Fluss Ticino gelegen.

Pavia ist die Hauptstadt der gleichnamigen Provinz, bekannt für ihre landwirtschaftlichen Produkte wie Weine, Reis, Getreide und Molkereiprodukte. Mehrere Industriegebiete liegen in den Vororten Pavias. Die Stadt beherbergt eine der ältesten Universitäten Europas, die Universität Pavia.

Geschichte

Bereits in der vorrömischen Zeit war die damalige Stadt *Ticinum Papiae* eine größere Siedlung und später im Römischen Reich befestigte Garnison.

Schließlich wurde die Garnison zur Zitadelle umgebaut und war das letzte Bollwerk der Ostgoten, die Italien Ende des 5. Jahrhunderts erobert hatten, gegen die Oströmer. Nach der Eroberung durch die Langobarden, die 568 in Italien einfielen (Pavia fiel aber erst nach einer dreijährigen Belagerung) wurde Pavia Hauptstadt des Langobardenreichs. Die Stadt wurde dann später von Karl dem Großen erfolgreich belagert. Bis ins Spätmittelalter hinein behielt Pavia, nun Teil des Heiligen Römischen Reiches, allerdings eine große symbolische Bedeutung.

In den folgenden Jahrhunderten gehörte Pavia zu den wichtigsten Städten Italiens. Im Jahr 1359 wurde es von der Familie der Visconti, den Herrschern Mailands erobert und wurde ein Zentrum der norditalienischen Kunst und Wissenschaft; 1361 wurde der erste Lehrstuhl an der Universität eingerichtet. Studenten der christlichen Länder Europas strömten nach Norditalien.

Während der bourbonisch-habsburgischen Kriege um Italien führte mit der Niederlage und der Gefangennahme von König Franz I. von Frankreich in der Schlacht bei Pavia 1525 zu einer spanischen Besetzung, die bis 1713 andauerte. Pavia wurde durch österreichische Potentaten bis 1796 regiert, als es schließlich in die Hände der französischen Armee unter Napoleon geriet.

1815 wurde die österreichische Verwaltung wieder hergestellt, bis der zweite italienische Unabhängigkeitskrieg 1859 und die im Jahr darauf folgende Vereinigung Italiens folgte.

Sehenswürdigkeiten

San Michele Maggiore

Die im lombardisch-romanischen Stil erbaute Basilika San Michele Maggiore ist das bekannteste und wichtigste religiöse Bauwerk der Stadt. In ihrer während der langobardischen Periode errichteten Vorgängerkirche wurde im Jahre 774 Karl der Große zum König der Langobarden gekrönt. Das Gebäude wurde im Jahre 1004 durch einen Brand zerstört. Von ihr stammt noch der untere Teil des Glockenturms. Die Arbeiten am heutigen Bau begannen gegen Ende des 11. Jahrhunderts und dauerten bis zum Jahre 1155 an. San Michele wird als der Prototyp zahlreicher mittelalterlicher Kirchenbauten der Region angesehen. Trotzdem unterscheidet sie sich von den anderen Kirchen der Stadt durch den Verbau des empfindlichen Sandsteins anstelle des üblichen Ziegelsteins sowohl bei den Kernmauern als auch den Verzierungen. Die architektonische Gestaltung der auf einem kreuzförmigen Grundriss erbauten Kirche wird vor allem durch das außergewöhnlich stark entwickelte Querschiff geprägt, welches auf der Nordseite mit einer eigenen Fassade und auf der gegenüberliegenden Südseite mit einer eigenen Apsis ausgestattet ist und aus einem Tonnengewölbe besteht, das sich von den Kreuzgewölben der anderen Kirchenteile grundlgegend unterscheidet. Man könnte den Eindruck gewinnen, es handele sich um eine zweite Kirche, die den ursprünglichen Bau im rechten Winkel durchdringt.

San Michele

Der heutige Zustand der Fassade und besonders ihrer bedeutenden Reliefs ist desolat. Ihr Verfall ist sehr weit fortgeschritten, obwohl man hier schon in den 60er Jahren versucht hatte, ihn zu stoppen. S. Michele wurde als einzige Kirche der Stadt mit Kalkstein verkleidet, der jedoch schnell verwittert.

San Michele, Innenraum

Zur Baugestalt

Norditalien übernahm in seiner Architektur in dieser Zeit viele Anleihen aus Nordeuropa. Aber das gilt in erster Linie für die Gestaltung des Baukörpers, also der Kirche als plastische Gesamtgestalt. Bei den Fassaden hat man aber einen eigenen Weg eingeschlagen. Man blieb bei den vergleichsweise glatten Außenmauern und setzte hier die Traditionen aus dem altchristlichen und byzantinischen Bereich fort. Und diese glatte Fassadenfläche wurde gestaltet mit den Mitteln der reifen romanischen Baukunst, von denen allerdings zwei doch wieder aus dem Norden stammen: die Dreiportalanlage aus Frankreich und die Zwerggalerie aus Deutschland.

Die Zwerggalerie

Diese sog. Zwerggalerie verläuft hier direkt unter der Dachlinie. Die Zwerggalerie ist ein ganz entscheidendes Element in der romanischen Architektur. Sie trat zum ersten Mal um 1050 an der Westfassade des Trierer Domes auf[4] und um 1100 am Speyerer Dom als ein Element, das das gesamte Gebäude umläuft [5] .

Pavia, Chiesa di San Michele, Fassade mit Zwerggalerie

Die Zwerggalerie ist in der mitteleuropäischen Architektur sehr schnell als Gestaltungsmittel einer Außenwand aufgegriffen worden, vor allem in Deutschland (Rheinland) und hier in Nord- und Mittelitalien – nicht aber in Frankreich. Es gibt Kirchen, deren Fassade fast ausschließlich aus übereinander gelagerten Säulengalerien besteht (Arezzo). Auch der berühmte schiefe Turm von Pisa hat dieses Prinzip aufgegriffen und in besonders dekorativer Form fortgeführt.

Ein weiteres starkes Gestaltungselement dieser Fassade sind die mächtigen senkrechten Dienste. Hier fließen noch zwei weitere Einflüsse zusammen – erstens die bereits erwähnte langobardische Schmuckfreudigkeit. Diese alte Tradition der Flechtornamente tritt hier in den mächtigen Diensten wieder auf, besonders in ihren Oberflächen, und auch in den waagerechten Reliefbändern.

Chiesa di San Michele, Detail vom Hauptportal

Das formale Vorbild für diese Dienste ist der nordeuropäischen Bündelpfeiler, der aber eigentlich in den Innenraum gehören, wo er den Druck des Gewölbes aufnimmt. Hier an dieser Fassade in Pavia sind die Bündelpfeiler als Dekorationsmittel verwandt worden, die nur nebenbei auch stützende Funktion haben für die gewaltige Fassadenmauer, die ja deutlich höher ist als das Kirchenschiff dahinter [sog. Blend- oder Schirmfassade [6]].

Entscheidend ist bei diesen lombardischen Fassaden, dass sie turmlos sind und eine mit Skulpturen geschmückte Schaufront haben[7] . Im Norden Europas wurde im 11. Jahrhundert dagegen die Doppelturmfassade entwickelt, die bei fast allen größeren Kirchen am Außenbau einen starken Akzent setzt und die in der Gotik noch gesteigert werden konnte - s. Kölner Dom. In Italien hat man das immer anders gesehen. Die einzigen Türme waren hier die Campanile, und die waren in der Regel nicht mit dem Gebäude verbunden. Dafür wurde die reich gestaltete Schaufassade geschaffen, von denen Sie hier eine der frühesten Versionen sehen.

San Pietro in Ciel d'Oro

Die Kirche San Pietro in Ciel d'Oro hat eine lange und bedeutende Geschichte, die bis zum Beginn des 5. Jahrhunderts zurückverfolgbar ist. Der 604 erstmals erwähnte Vorgänger des heutigen Kirchenbaus ist an der Stelle errichtet worden, an der Severinus Boëthius, römischer Berater des Ostgotenkönigs Theoderich, hingerichtet worden war. Der zu Lebzeiten hoch geschätzte Gelehrte war aus politischen und religiösen Gründen zum Tode verurteilt worden und wird daher als Märtyrer verehrt. Seine Gebeine befinden sich noch heute in der Krypta unter dem Altarraum. Dieser Zusammenhang wird von Dante Alighieri in seiner Göttlichen Komödie erwähnt. Im zehnten Gesang des Paradieses stehen folgende Zeilen, die sich auf Boëthius' Seele beziehen:

Der Leib, von dem sie durch Gewalt geschieden
Liegt in Ciel d'Oro, und sie kam aus Gefahr
Und Bann und Märtyrtum zu diesem Frieden.

Ihre heutige Form erhielt die Kirche im Jahre 1132, nachdem das alte Gebäude 924 von den Awaren zerstört worden war. Im Gegensatz zu San Michele wurde hier Ziegelstein verwendet, in anderen Dingen, wie der Fassade, der Kuppel und dem Mosaikfußboden, ähneln sich die Kirchen jedoch. In den hintersten Pfeiler des rechten Seitenschiffes ist das Grab es Langobardenkönigs Liutprand († 744) eingelassen.

Die Kirche ist darüber hinaus die letzte Ruhestätte des Heiligen Augustinus von Hippo, dessen Gebeine von Liutprand im Jahre 720 von Sardinien hierher gebracht wurden. Sie sind in dem bekannten *Sarkophag des hl. Augustinus* bestattet, einem von Gian Galeazzo Visconti finanzierten, mit 95 Figuren und 50 Marmorreliefs verzierten Altar, der in der Mitte des Presbyteriums steht.

San Pietro in Ciel d'Oro

Sarkophag von Severinus Boëthius

Grabmal des Langobardenkönigs Luitprand

San Pietro in Ciel d'Oro, Inschrift neben dem Eingang (Dante)

San Pietro in Ciel d'Oro, Grabmal des Heiligen Augustinus

Castello Visconteo

Das Castello Visconteo wurde 1360 von Galeazzo II. Visconti errichtet. Heute ist im Schloss das Städtische Museum untergebracht. Der das Schloss umgebende Park erstreckte sich einstmals über zehn Kilometer bis zur Certosa di Pavia. Heute noch sind Teile davon unter dem Namen *Parco della Vernavola* erhalten.

Castello Visconteo

Dom

Piazza Vittoria mit Blick auf die Kuppel des Doms

Pavias Dom ist ein imposantes Bauwerk mit dem Grundriss in der Form eines griechischen Kreuzes. Mit dem Bau der Kathedrale wurde bereits 1488 begonnen, sie blieb allerdings bis 1898 unvollendet. In diesem Jahr wurde die Fassade und die Kuppel nach Originalplänen von Giovanni Antonio Amadeo ergänzt. Die achteckige Kuppel ist mit einer Höhe von 97 Metern, einem Gewicht von ca. 20000 Tonnen und einer Anzahl von 34 Fenstern die drittgrößte Kuppel Italiens nur überboten vom Petersdom in Rom und Santa Maria del Fiore in Florenz. Neben dem Dom stand der mittelalterliche Glockenturm (Campanile), dessen Einsturz am 17. März 1989 vier Todesopfer forderte.

Ponte Coperto

Das historische Zentrum der Stadt befindet sich nördlich des Flusses Ticino, direkt gegenüber liegt der Stadtteil Borgo Ticino, der ursprünglich außerhalb der Stadtbefestigung lag. Beide Seiten wurden von der 1351 bis 1354 errichteten Ponte Coperto verbunden, welche während des Zweiten Weltkrieges zerstört wurde. Die heutige Brücke ist eine Rekonstruktion aus den 50er Jahren, welche einige Meter weiter östlich des ursprünglichen Standortes errichtet wurde. Die Lage der alten Brücke ist aus dem Straßenverlauf und den bei Niedrigwasser sichtbaren Pfeilerfundamenten im Flussbett ersichtlich.

Certosa di Pavia

Die Kartause von Pavia ist ein beeindruckender Klosterkomplex acht Kilometer nördlich von Pavia. Die Anlage wurde von Gian Galeazzo Visconti gestiftet und im Jahre 1396 wurde mit dem Bau begonnen. Bis ins 18. Jahrhundert wurde sie mehrmals erweitert und umgestaltet. Das Kloster wird heute von Zisterziensermönchen bewirtschaftet und kann täglich (außer montags) besichtigt werden.

Verkehr

Pavia besitzt mit den Autobahnen A53 und A54 zwei Stadtumfahrungen, die an die Autobahn A7 (Mailand–Genua) angeschlossen sind. Die Benutzung der beiden Umfahrungen ist kostenfrei.

Söhne und Töchter der Stadt

- Adriano Aguzzi, italienisch-schweizerischer Mediziner und Hochschullehrer an der Universität Zürich.
- Edoardo Bassini, italienischer Chirurg.
- Opicinus de Canistris, Kleriker an der Kurie in Avignon. Berühmt wegen der von ihm erstellten moralisierenden Landkarten.
- Gerolamo Cardano, italienischer Arzt und Mathematiker.
- Felice Casorati, italienischer Mathematiker.
- Francesco Corbetta, Gitarrist und Komponist.
- Luigi Cremona, Mathematiker, Statiker und Politiker.
- Drupi, Sänger.
- Epiphanius von Pavia, Bischof, Staatsmann.
- Gaetano Fraschini, italienischer Opernsänger.
- Maurizio Giammarco (* 1952) Jazz-Saxophonist, Komponist und Arrangeur
- Alessandro Rolla, italienischer Violinspieler und Komponist
- Gian Galeazzo Visconti, Regent in Mailand.

Städtepartnerschaften

- Hildesheim, Deutschland
- Besançon, Frankreich

Bilder

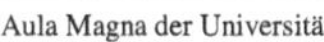

Aula Magna der Universität

Ponte Coperto

Ponte Coperto bei Nacht

Überreste der alten Brücke

Stadtteil Borgo am anderen Ufer des Ticino

Karmelitenkirche

Geschlechtertürme

Galleria Arnaboldi

Referenzen

[1] http://toolserver.org/~geohack/geohack.php?pagename=Pavia&language=de¶ms=45.1833333333_N_9.15_E_dim:10000_region:IT-PV_type:city(70514)

[2] *Statistiche demografiche ISTAT* (http://demo.istat.it/pop2009/index1.html). Bevölkerungsstatistiken des Istituto Nazionale di Statistica vom 1. Januar 2009.

[3] http://www.comune.pv.it

[4] Koch, Wilfried: Baustilkunde. Das große Standardwerk zur europäischen Baukunst von der Antike bis zur Gegenwart. München 1994, S. 92

[5] Binding, Günther: *Architektonische Formenlehre.* Darmstadt 1980, S. 133 ff

[6] Toman, Rolf (Hrsg.): *Die Kunst der Romanik. Architektur - Skulptur - Malerei.* Köln 1996, S. 22

[7] Adam, Ernst: *Vorromanik und Romanik.* Frankfurt 1968, S. 163

Augustinusregel

Die **Augustinusregel** geht auf den Kirchenvater Augustinus von Hippo zurück. Vor allem seit dem 11. Jahrhundert wurde diese kurze Regel zur Grundlage des Zusammenlebens sehr vieler Ordensgemeinschaften. Heute gibt es mehrere hundert augustinische Orden und Kongregationen – einerseits Gemeinschaften, die den Namen ihres Patrons tragen, also Augustiner (bis 1963 „Augustiner-Eremiten"), Augustiner-Discalceaten, Augustiner-Rekollekten und Augustiner-Chorherren, andererseits zahlreiche Orden, die Augustinus nicht im Namen führen, unter den Bettelorden etwa die Dominikaner, Mercedarier und Trinitarier, unter den Regularkanonikern etwa die Kreuzherren und die Prämonstratenser.

Der hl. Augustinus überreicht Norbert von Xanten seine Regel, um 1140

Es ist eigentlich irreführend, von einer einzigen Augustinusregel auszugehen, da es verschiedene Versionen gibt, die von P. Lukas Verheijen OSA im Jahre 1967 wie folgt unterschieden wurden:

> "Das Kernstück der Regel existiert sowohl in einer Fassung für Männer, mit Namen *Praeceptum*, als auch in einer für Frauen, *Regularis informatio*. Ein kürzerer Text mit Weisungen für die äußere Ordnung des klösterlichen Alltags, genannt *Ordo monasterii*, ist in vielen Handschriften dem Praeceptum, der Fassung für die Männer, vorangestellt, in einigen Fällen auch der Fassung für die Frauen. Die heute geltende Form der Regel in den Männer- und Frauenorden, die Regula recepta, besteht aus einem einleitenden Satz des Ordo monasterii, dieses kurzen Textes mit den Weisungen für den klösterlichen Alltag, und dem Praeceptum - für die Frauen natürlich dementsprechend adaptiert" (Augustiner.at).

Im Wesentlichen schreiben die Regeln Folgendes vor:

- von Liebe und Eintracht geprägtes Leben in der Ordensgemeinschaft
- gegenseitiges Mahnen und gegenseitige „Kontrolle"
- Verzicht auf persönlichen Besitz (Privatbesitz muss beim Eintritt dem Orden vermacht werden)
- Enthaltsamkeit (Fasten, kein sinnliches oder materielles Begehren)
- Unterordnung unter die Gemeinschaft und die Autorität des Oberen
- regelmäßiges Beten

Literatur

- Gert Melville / Müller (Hgg.), *Regula Sancti Augustini. Normative Grundlage differenter Verbände im Mittelalter. Tagung der Akademie der Augustiner-Chorherren von Windesheim und des Sonderforschungsbereichs 537, Projekt C „Institutionelle Strukturen religiöser Orden im Mittelalter" vom 14. bis zum 16. Dezember 2000 in Dresden* (Publikationen der Akademie der Augustiner-Chorherren von Windesheim 3), Paring 2002 ISBN 3-9805469-8-5 Inhaltsverzeichnis [1]

Weblinks

- Links zu Regeltexten (unvollständig) [2]
- Ausführungen zur Überlieferung bei Augustiner.at [3]
- Augustinusregel auf Latein und eine deutsche Übersetzung [4]
- Wissenschaftliche Arbeit von Claudia Markert zur Rezeption der Augustinusregel bei Frauen, PDF [5] (1,08 MB)

Referenzen

[1] http://www.phil.uni-erlangen.de/~p1ges/zfhm/sammelbde/augustin.html
[2] http://www.vita-religiosa.de/Recht.htm
[3] http://www.augustiner.at/augustinus_ueberlieferung_c.php
[4] http://www.augustiner.at/augustinus_ordensregel.php
[5] http://www.tu-dresden.de/phfis/gifa/projekt/pdf/claudia-markert.pdf

Zölibat

Der **Zölibat** (von lat. *caelebs* „allein, unvermählt lebend"; umgangssprachlich manchmal auch *das* Zölibat) bezeichnet das Versprechen, für das weitere Leben die Verpflichtung zur Ehelosigkeit zu übernehmen. Neben der römisch-katholischen Kirche kennen nicht nur die orthodoxe, anglikanische und evangelische Kirche für Ordensfrauen und -männer, Eremiten, geweihte Jungfrauen oder Diakonissen das Versprechen bzw. Gelübde der Ehelosigkeit, sondern auch andere Weltreligionen.[1] Während der Zölibat in der lateinischen Teilkirche der römisch-katholischen Kirche für die Priester verbindlich ist, gilt dies in den katholischen Ostkirchen sowie in den orthodoxen Kirchen nur für Bischöfe, Mönche und bei der Weihe noch unverheiratete Priester.

Römisch-katholische Kirche

Der Begriff Zölibat wird insbesondere innerhalb der römisch-katholischen Kirche verwendet. In der lateinischen Kirche ist der Zölibat vor der Weihe zum Diakon durch den Canon 277 des kirchlichen Rechts Codex Iuris Canonici vorgeschrieben. Ordensleute sind vom Tag ihres Ordenseintrittes implizit zur Ehelosigkeit verpflichtet, explizit nach der zeitlichen Profess. Es handelt sich um keine auferlegte Verpflichtung, sondern um eine freiwillig gewählte; sie stellt jedoch eine Vorbedingung für die Priesterweihe dar. Diese Vorschrift gilt nicht in allen Riten der katholischen Kirche, sondern nur im lateinischen (westlichen) Ritus; so gibt es in den mit Rom unierten Kirchen des östlich-orientalischen Ritus keine Verpflichtung, ein zölibatäres Leben zu führen.

Der Zölibat, der auch als Befolgung eines Evangelischen Rates verstanden wird, beruht auf der frei gewählten Lebensform der Ehelosigkeit *„um des Himmelreiches willen"*, von der Jesus Christus in Mt 19,12 [2] spricht.

Die römisch-katholische Kirche kennt zudem den verheirateten Diakon im ständigen Diakonat. Der ständige Diakon muss sich vor seiner Weihe für die Ehe oder für ein zölibatäres Leben entscheiden. Eine erneute Eheschließung nach der Weihe (etwa beim Tod der Frau oder Annullierung der Ehe) ist nur mit Erlaubnis des Papstes möglich.

In der lateinischen Teilkirche der katholischen Kirche ist für Bischöfe und Priester der Zölibat in der Regel verpflichtend, in den orientalischen Teilkirchen der katholischen Kirche wie auch in den orthodoxen Kirchen gilt er nur für Bischöfe, die meist dem Mönchsstand entstammen (wobei hin und wieder auch verwitwete Priester zum Bischof geweiht werden). Priester müssen hier ebenfalls vor ihrer Diakonatsweihe entscheiden, ob sie verheiratet oder zölibatär in den Weihestand treten wollen. Nach dem Tod der Frau scheidet eine neue Heirat auch hier aus.

Geschichte des Zölibats in der römisch-katholischen Kirche

Neuere Forschungen haben ergeben, dass es eine Zölibatsverpflichtung schon viel länger gibt als bisher angenommen. Vor allem die Entlarvung der Aussagen eines Bischofs Paphnutius in Nicäa (325) als Fiktion hat Historiker angeregt, neu zu forschen. Wichtig ist die Unterscheidung zwischen einem Ehelosigkeitszölibat und einem Enthaltsamkeitszölibat. Unter Ehelosigkeitszölibat versteht man, dass Kleriker nicht verheiratet sein dürfen; beim Enthaltsamkeitszölibat ist es durchaus möglich, dass Verheiratete die Weihen empfangen, allerdings müssen sie ab dem Tag der Weihe enthaltsam leben. Der Enthaltsamkeitszölibat wurde erstmals auf der Synode von Elvira (ca. 306) als Gesetz aufgeschrieben. Allein die Tatsache, dass in dieser Zeit etwas allgemeingültig war, bevor es rechtlich festgelegt wurde, weist darauf hin, dass die rechtliche Festlegung nicht der Beginn einer Zölibatsverpflichtung war, sondern schon eine längere Tradition bestand. Einige Historiker (Cochini, Heid et al.) sind sogar der Ansicht, der Zölibat gehe auf die apostolische Zeit zurück.

Der Übergang von der Verpflichtung des Enthaltsamkeitszölibats zum rechtlich verbindlichen Ehelosigkeitszölibat im hohen Mittelalter führte zu der sehr verbreiteten, aber irrigen Meinung, der Zölibat habe seinen Ursprung im Mittelalter.

Im Jahre 1022 ordnete Papst Benedikt VIII. auf der Synode zu Pavia gemeinsam mit Kaiser Heinrich II. an, dass alle Geistlichen künftig nicht mehr heiraten durften. Da es für Priester üblich wurde, die Heilige Messe täglich zu zelebrieren, spielte dabei vor allem die kultische Reinheit eine Rolle, aber auch die Tatsache, dass sonst Kirchenbesitz an die Kinder der Geistlichen vererbt worden wäre. Verstöße gegen den Zölibat wurden mit Kirchenstrafen belegt, und bereits verheirateten Geistlichen wurden Amt und Besitz entzogen.

Zur Zeit von Nikolaus II. wurde durch die Lateransynode von 1059 jenen Priestern die Zelebration der Heiligen Messe verboten, denen ein notorisches Konkubinat nachgewiesen werden konnte.

In Deutschland wagten nur drei Bischöfe, die römischen Dekrete zu verkünden. Der Bischof von Passau wäre vom Klerus beinahe gelyncht worden und wurde schließlich vertrieben. Gerade Geistliche des niederen Klerus waren besonders betroffen, und zu tausenden protestierten sie gegen die neuen Gesetze. Allein in der Diözese Konstanz waren 3600 Geistliche auf einer Synode.[3]

Bis zum Zweiten Laterankonzil 1139 gab es sowohl verheiratete als auch unverheiratete Priester, die vom Zeitpunkt ihrer Weihe an zur sexuellen Enthaltsamkeit aufgerufen waren. Bei jenem Konzil wurde festgelegt, dass „höhere Kleriker, die geheiratet haben oder eine Konkubine halten, [...] Amt und Benefizium [verlieren]“ (in Kanon 6) und die Messen von Priestern, die eine Ehefrau oder Konkubine haben, „nicht mehr gehört werden“ dürfen (in Kanon 7). Im gleichen Zuge wurde die Priesterweihe im Rechtsverständnis der römisch-katholischen Kirche zu einem *trennenden Ehehindernis* – was sie bis heute ist.

Seither stellt der Zölibat eine *unabdingbare Zugangsvoraussetzung (*conditio sine qua non*) für den Empfang der Priesterweihe* in der lateinischen Kirche (im Unterschied zu den meisten unierten Kirchen) der römisch-katholischen Kirche dar. Der Papst kann allerdings ohne nähere Begründung Dispens von der Ehelosigkeit auch für Angehörige des lateinischen Ritus' erteilen (can 1049 CIC), wovon er aber nur in seltenen Fällen Gebrauch macht – derzeit ausschließlich bei zum lateinischen Ritus der römisch-katholischen Kirche konvertierten, verheirateten evangelischen oder anglikanischen Geistlichen, die von einem Bischof zur Priesterweihe zugelassen werden (siehe Zölibatsdispens).

Erfolglose Initiativen zur Aufhebung des Zölibats der Priester wurden noch im 15. Jahrhundert sowohl auf dem Konzil von Konstanz als auch auf dem Konzil von Basel unternommen.

Bis zum Konzil von Trient (1545–1563) kam es jedoch vor, dass Priester mit Konkubinen zusammenlebten. Ihnen wurde dafür in der Regel eine hohe Geldstrafe auferlegt; oft machten die zu zahlenden Beträge mehr als ein Jahresgehalt aus. So wuchs etwa der Zürcher Reformator Ulrich Zwingli bei einem Onkel auf, der als Priester im Bistum Konstanz mit Konkubine und Kindern zusammenwohnte. Auch Zwingli selbst lebte während seines priesterlichen Dienstes in Zürich in einer festen Beziehung. Später heiratete er dann seine Konkubine. Die

Einführung des priesterlichen Zölibats wurde im Mittelalter jedoch nicht nur von der kirchlichen Obrigkeit gefordert und durchgesetzt: Auch das einfache Volk forderte unverheiratete Priester. Diese Forderung durch Laien war Teil einer innerkirchlichen Reformbewegung, die gleichfalls gegen Missstände wie Machtmissbrauch, Korruption (Simonie und Vetternwirtschaft) in der Kirche kämpfte. Seit der Trullanischen Synode 691 gingen die Teilkirchen im Osten im Hinblick auf die Priesterehe einen anderen Weg als die des Westens, wo sich die Entwicklung hin zu einer allgemeinen Verpflichtung der Priester zur Ehelosigkeit, wie sie denn auch 1139 tatsächlich kam, immer weiter verfestigte. So kommt es, dass bis heute in der orthodoxen Kirche und in den katholischen Ostkirchen nur Bischöfe zum Zölibat verpflichtet sind – Priester jedoch nur, wenn sie zum Zeitpunkt ihrer Priesterweihe unverheiratet waren. In der Regel treten diese dann in den Mönchsstand ein.

Begründungen

Die Begründungen für die Einführung des Zölibatsgesetzes damals und das Festhalten daran sind vielfältig. Die Kirche ist sich bewusst, dass der Zölibat kein göttliches Gebot ist.

Der Ruf Jesu Christi

Ehelosigkeit „um des Himmelreiches willen“ ist einer der Evangelischen Räte und nach Mt 19,12 [2] eine Empfehlung an einzelne Jünger. Nach christlicher Tradition hat Jesus selbst zölibatär gelebt. Im Neuen Testament wird nirgends von einer Ehe berichtet. Einzig das späte apokryphe, gnostisch beeinflusste Philippusevangelium, das nicht vor 150 n. Chr., höchstwahrscheinlich jedoch im 3. Jahrhundert verfasst wurde, nennt eine Partnerin. Manche Historiker und Theologen haben darauf hingewiesen, dass fast alle Juden verheiratet waren, mithin wohl auch Jesus. Demgegenüber wenden andere ein, dass zur Zeit Jesu allerdings auch die ehelos lebenden Gemeinschaften der Essener existierten und Ehelosigkeit somit, wenngleich selten, dennoch bekannt war. Diejenigen Autoren, die eine Ehe Jesu vertreten, argumentieren damit, dass die Nichtüberlieferung im NT theologische Gründe gehabt habe. Möglicherweise sei die Hochzeit von Kana (Joh 2) eine stark überarbeitete Überlieferung einer Heirat Jesu selbst; auf starke Redaktion würden insbesondere die Nichterwähnung der Brüder Jesu, vor allem aber von Braut und Bräutigam schließen lassen. Auch die nahe Beziehung Maria Magdalenas zu Jesus wurde von einigen Historikern auf eine Verheiratung beider bezogen. Derartige Hypothesen sind aber bibelwissenschaftliche Außenseitermeinungen.[4]

Kultische Reinheit

Zunächst ist hier der Aspekt der kultischen Reinheit zu nennen, der bereits im Alten Testament bei den jüdischen Priestern in Bezug auf ihren Tempeldienst eine Rolle spielte (wobei diesen jedoch nach den mosaischen Gesetzen die Heirat erlaubt war (3. Buch Mose Kapitel 21)). So hat sich das Argument der kultischen Reinheit wegen der täglichen Zelebration des heiligen Messopfers zwar seit der frühen Kirche bis hin zum Zweiten Vatikanischen Konzil als Aspekt offizieller Denk- und Lesart vatikanischer Verlautbarungen erhalten, wurde aber letztlich unter dem Eindruck der Rückbesinnung dieses Konzils auf die biblischen Aussagen fallengelassen.

Ökonomische Gründe

Einen weiteren Beweggrund, der zur Festschreibung des verpflichtenden Zölibats im 11. Jahrhundert führte, sieht man in dem Versuch der römischen Kirche, die Reduzierung der von Priestern verwalteten kirchlichen Pfründen zu verhindern. Diese Pfründen wurden durch den notwendigen Lebensunterhalt der Familie verheirateter Priester sowie durch Erbschaft dezimiert. Die in der mittelalterlichen Gesellschaft übliche Vererbung der Ämter des Vaters auf den Sohn führte zu Konflikten mit dem zentralistischen Selbstverständnis der Kirche. Durch die Bekräftigung der Zölibatsverpflichtung für Priester wurde verhindert, dass legitime Söhne das Priester- oder Bischofsamt übernehmen konnten. Zugleich erfolgte mit dieser Regelung eine Sicherstellung der Gleichheit des Zugangs zum Priesteramt, insofern prinzipiell und im Idealfall jeder männliche Laie, der die nötigen Bedingungen erfüllte, unabhängig von der gesellschaftlichen Stellung oder von Reichtum und Besitz dieses Amt übernehmen konnte.

Gesellschaftliche Stellung

Ein weiterer Aspekt ist die gesellschaftliche Stellung des Priesters, verbunden mit entsprechendem Prestige. Im Christentum bildete sich alsbald eine Zwei-Stände-Kirche (Klerus und Laien) heraus, innerhalb deren der Klerus die gesellschaftlich höhere Position sowie (über viele Jahrhunderte damit verbunden) Macht und Besitz innehatte. Hinzu kam die höhere Bildung der Kleriker und ihr damaliges Ansehen als „bessere Christen", das durch den Zölibat noch untermauert werden sollte. Relativiert wurde dieser Aspekt freilich durch das biblische Ideal des Dienens statt des Herrschens, dem insbesondere die Amtsträger in der Kirche folgen sollen.

Einsatzfähigkeit

Als eine weitere Begründung wird die völlige Einsatzfähigkeit und Verfügbarkeit für die Tätigkeiten im priesterlichen Dienst genannt (dieses Argument ist zum Beispiel bei den Jesuiten von großer Bedeutung). Ehelose Priester können sich mehr für ihre Gemeinde einsetzen und brauchen bei der Ausübung ihrer Tätigkeit keine Rücksicht auf eine Ehefrau oder eigene Kinder zu nehmen. Dies gilt insbesondere für die Konfrontation mit antiklerikalen Staaten (alleinstehende Priester sind weniger erpressbar), aber auch für das Spannungsfeld beispielsweise zwischen Familie und Beichtgeheimnis in familienrelevanten Angelegenheiten. Außerdem, so die Befürworter, würde die durch die Ehelosigkeit nicht genuin befriedigte Sexualität sublimiert und in seelsorgliche Energie umgewandelt. Kritiker des Zölibats meinen jedoch, dass Priester wiederum Kraft zur Aufrechterhaltung der zölibatären Lebensform und der Sublimation der daraus resultierenden nicht erwünschten Gefühle und Gedanken investieren müssten, die dann ihrerseits nicht mehr für das pastoralen Engagement vorhanden sei. Manche Laien sehen eine Beschränkung im zölibatär-priesterlichen Wirken darin, dass ehelos lebende Priester nicht genügend Empathie für die Sorgen und Nöte der Laien hätten, weil ihnen die Erfahrungen eines Ehelebens fehlen.

Zeichenhaftigkeit

Als entscheidend wird die *Zeichenhaftigkeit des Zölibats* als Verweis auf das Himmelreich angesehen, wo es nach kirchlicher Lehre jedenfalls die Gottes- und Nächstenliebe geben wird, jedoch nicht mehr die Ehe und die sexuelle Vereinigung von Mann und Frau (vgl. Mk 12,25 [5]). Wer die heilige Bindung der Ehelosigkeit um des Himmelreiches willen lebt [6] , legt dadurch Zeugnis ab für die im Glauben erwartete zukünftige Welt, in der die menschliche Liebe für Frauen und Männer ihre definitive Erfüllung finden wird. Zugleich wird gegenüber einem einseitig spiritualistischen oder dualistischen Verständnis betont, dass in diesem künftigen Lebensstand auch die eheliche Liebe ihre Vollendung erfährt und in diese Vollendung mit der Auferstehung auch die leibliche Herrlichkeit eingeschlossen ist. Ehe *und* Ehelosigkeit um des Himmelreiches willen werden so jeweils zu einem Zeichen der alles übersteigenden Liebe Gottes zu den Menschen.

Charisma

Unter den theologischen Argumenten spielt insbesondere das Verständnis des Zölibats als Charisma, als *Geschenk Gottes* eine Rolle. Gegner des Zölibats meinen jedoch, dass denjenigen, denen die charismatische Ehelosigkeit tatsächlich gegeben worden ist, keine Verpflichtung bräuchten, da sie freiwillig diese Lebensform wählten. Außerdem betonen sie, dass die Berufung zum Priestertum von der Berufung zur Ehelosigkeit zu trennen sei, und verweisen unter anderem auf das Zweite Vatikanische Konzil, das die Ehelosigkeit für das Priestertum zwar nicht als notwendig, jedoch als „angemessen", bezeichnet und für den Bereich der lateinischen Kirche daran festhält:

> „Die Kirche hat die vollkommene und ständige Enthaltsamkeit um des Himmelreiches willen, die von Christus dem Herrn empfohlen, in allen Jahrhunderten bis heute von nicht wenigen Gläubigen gern angenommen und lobenswert geübt worden ist, besonders im Hinblick auf das priesterliche Leben immer hoch eingeschätzt. Ist sie doch ein Zeichen und zugleich ein Antrieb der Hirtenliebe und ein besonderer Quell geistlicher Fruchtbarkeit in der Welt. Zwar ist sie nicht vom Wesen des Priestertums selbst gefordert, wie die Praxis der frühesten Kirche und die Tradition der Ostkirchen zeigt, wo es neben solchen, die aus gnadenhafter Berufung zusammen mit allen Bischöfen das ehelose Leben erwählen, auch hochverdiente Priester im Ehestand gibt."

– Presbyterorum Ordinis, 16

Bibelstellen

Folgende Bibelstellen beziehen sich auf die Ehelosigkeit:

„Manche sind von Geburt an zur Ehe unfähig, manche sind von den Menschen dazu gemacht und manche haben sich selbst dazu gemacht – um des Himmelreiches willen."

– Matthäus 19,12 [2]: Diese Stelle wurde vereinzelt wörtlich genommen, so etwa von Origenes, der sich deswegen selbst entmannt haben soll.

„Ich wünschte, alle Menschen wären (unverheiratet) wie ich [(Paulus)]."

– 1. Korinther 7,7 [7]

„Was die Frage der Ehelosigkeit angeht, so habe ich kein Gebot vom Herrn. Ich gebe euch nur einen Rat als einer, den der Herr durch sein Erbarmen vertrauenswürdig gemacht hat. Ich meine, es ist gut wegen der bevorstehenden Not, ja, es ist gut für den Menschen, so zu sein."

– 1. Korinther 7,25f [8]

„Ich wünschte, ihr wäret ohne Sorgen. Der Unverheiratete sorgt sich um die Sache des Herrn; er will dem Herrn gefallen. Der Verheiratete sorgt sich um die Dinge der Welt; er will seiner Frau gefallen. So ist er geteilt. Die unverheiratete Frau aber und die Jungfrau sorgen sich um die Sache des Herrn, um heilig zu sein an Leib und Geist. Die Verheiratete sorgt sich um die Dinge der Welt; sie will ihrem Mann gefallen. Das sage ich zu eurem Nutzen: nicht um euch eine Fessel anzulegen, vielmehr, damit ihr in rechter Weise und ungestört immer dem Herrn dienen könnt."

– 1. Korinther 7,32–35 [9]

„Wenn jemand zu mir kommt und nicht Vater und Mutter, Frau und Kinder, Brüder und Schwestern, ja sogar sein Leben gering achtet, dann kann er nicht mein Jünger sein."

– Lukas 14,26 [10]

„Wenn nämlich die Menschen von den Toten auferstehen, werden sie nicht mehr heiraten, sondern sie werden sein wie die Engel im Himmel."

– Markus 12,25 [5]

Den priesterlichen Zölibat mit der Bibel zu begründen ist allerdings nicht überzeugend, denn es gibt auch Bibelstellen über die Ehe von Geistlichen:

„Er soll nur eine Jungfrau heiraten. Eine Witwe, eine Verstoßene oder eine Entehrte, eine Dirne, darf er nicht heiraten; nur eine Jungfrau aus seinem Stamm darf er zur Frau nehmen; sonst würde er seine Nachkommenschaft unter seinen Stammesgenossen entweihen; denn ich, der Herr, bin es, der ihn heiligt."

– Leviticus 21,13–15 [11]

„Wegen der Gefahr der Unzucht soll aber jeder seine Frau haben und jede soll ihren Mann haben."

– 1. Korinther 7,2 [12]

„Deshalb soll der Bischof ein Mann ohne Tadel sein, nur einmal verheiratet, nüchtern, besonnen, von würdiger Haltung, gastfreundlich, fähig zu lehren; er sei kein Trinker und kein gewalttätiger Mensch, sondern rücksichtsvoll; er sei nicht streitsüchtig und nicht geldgierig. Er soll ein guter Familienvater sein und seine Kinder zu Gehorsam und allem Anstand erziehen."

– 1. Timotheus 3,2–4 [13]

Bruch des Zölibatsversprechens

Trotz Zölibatsverpflichtung gibt es römisch-katholische Priester, die Beziehungen eingehen und im Rahmen solcher Beziehungen auch Kinder zeugen. Aufsehen erregte 1995 der Fall von Hansjörg Vogel, der als Bischof von Basel zurücktrat, als bekannt wurde, dass er Vater würde.

Da Priester kirchenrechtlich zur Ehelosigkeit und damit implizit zum Leben in Enthaltsamkeit verpflichtet sind, werden solche Beziehungen von den Betroffenen meist geheimgehalten. Es existieren keine zuverlässigen Quellen über die Zahl solcher Beziehungen und der in ihnen geborenen Kinder. Manche Quellen sprechen von einigen Tausend betroffenen Kindern in Deutschland.[14]

Hamburgs Weihbischof Hans-Jochen Jaschke empfahl der katholischen Kirche, nachdem er von der Deutschen Bischofskonferenz um Stellungnahme in einem Interview zu diesem Thema gebeten worden war, offener mit der Situation von Priestern umzugehen.[15]

Diskussion innerhalb der römisch-katholischen Kirche

Die Regelung der verpflichtenden Ehelosigkeit wurde durch die gesamte Kirchengeschichte hindurch kontrovers diskutiert, und in der Gegenwart werden die Stimmen – auch von kirchlichen Amtsträgern – lauter, die eine Abschaffung des Zölibatsgesetzes fordern. Man betont, dass es biblisch keine Verankerung der Ehelosigkeitsverpflichtung für Priester gibt, sondern verheiratete Amtsträger vorausgesetzt werden (1 Kor 9,5 [16]; 1 Tim 3,2 [17]) und in den Evangelien von der „Schwiegermutter des Petrus" gesprochen wird (Mt 8,14 [18]; Mk 1,30 [19]; Lk 4,38 [20]).

Nach einer Psychologin kann es bei Priestern, die mit dem Zölibat Mühe haben, in der Folge zu Einsamkeit kommen. Dies kann weitere Probleme nach sich ziehen, wie z.B. Sucht oder Depression.[21]

Der Theologe und Psychoanalytiker Eugen Drewermann meint, die hierarchische Struktur der katholischen Kirche verhindere die in einem komplexen Organismus notwendige Rückkoppelung. Zur Liebe gehöre Freiheit. „Es ist eine absurde Alternative zu sagen, du liebst Gott, oder einen Menschen."[22]

Karl Herbst schreibt dagegen in seinem Buch „Der wirkliche Jesus": Die Geschlechterliebe ist in ihrer Wurzel eine begehrende. Die Liebe Gottes dagegen ist eine schenkende Liebe (Agape). Wenn jemand die Gottesherrschaft so annimmt wie Jesus, „verschenkt" er sich selbst an alle, anstatt irgendeinen begierig zu lieben und erotisch zu beherrschen. Menschen, die die Liebe Gottes nicht kennen, meinen dann, er mache sich zum „Eunuchen".

Die Diskussion um den Zölibat wird auch durch die in vielen Ländern stark zurückgehende Zahl katholischer Priester angeregt.[23] [24] In vielen Gemeinden (der westlichen Welt) kann wegen dieses Priestermangels keine sonntägliche Eucharistiefeier mehr stattfinden. Als Folge des Priestermangels kommt es in den Bistümern zu Fusionen der Kirchengemeinden und zur Schaffung von Pfarrverbänden. Gegen den „angemessenen", aber nicht notwendigen Zölibat stehe das Recht der Gläubigen auf den Empfang der Sakramente, zumal der Eucharistie, wenden Kritiker ein.

In der XI. Weltbischofssynode in Rom 2005 mit dem Hauptthema Eucharistie wurde der Gedanke zwar in einer Gruppendiskussion thematisiert, dem Priestermangel durch die Weihe von Viri probati zu begegnen, fand aber keine Mehrheit. Die Gruppe war sich jedoch einig über „den unschätzbaren Wert des Priesterzölibats für die lateinische Kirche" [25] In der Schlussbotschaft wurde die Frage nicht erwähnt.[26] 2006 bestätigt der Präfekt der Kongregation für den Klerus, Kardinal Claudio Hummes, dass der Zölibat kein Dogma sei. Im Nachsynodalen Apostolischen Schreiben vom 13. März 2007 bestätigte Papst Benedikt XVI. den Zölibat der Priester.[27] Im Februar 2008 erklärte der neue Vorsitzende der Deutschen Bischofskonferenz, Robert Zollitsch, dass die Verbindung zwischen Priestertum und Ehelosigkeit „nicht theologisch notwendig" sei. Eine solche tief in das innere Leben der Kirche eingreifende Revolution könne aber nur von einem Konzil beschlossen werden.[28] 2009 sprach sich der neugewählte Präsident des Zentralkomitees der Katholiken, Alois Glück (CSU) für die Zulassung bewährter, verheirateter Diakone mit einer entsprechenden Fortbildung zur Priesterweihe aus.[29] Im Juni 2009 betonte Papst Benedikt XVI. mit Bezug auf den Fall eines Priesters aus Oberösterreich erneut die Beibehaltung des Zölibates.[30] Im August 2009 schrieb Joachim Kardinal Meisner einen Hirtenbrief zum Priesterjahr über den Zölibat, wo er das gelebte Zölibat als einen Lebensstil bezeichnet, der ohne Jesus Christus unerklärlich bleibe, und der für die moderne Gesellschaft ein kritisches und heilsames Zeichen der Provokation sei.[31]

Zölibat in der Orthodoxie

In den orthodoxen Kirchen dürfen verheiratete Diakone zum Priester geweiht werden. Geweihte Priester dürfen eigentlich nicht heiraten, gelegentlich erteilen Bischöfe aber Ausnahmegenehmigungen. Bischöfe sind dagegen zum Zölibat verpflichtet.

Evangelische Reaktion und Tradition

Johann Eberlin von Günzburg

Eine der ersten reformatorischen Schriften, die sich kritisch mit dem Zölibat auseinandergesetzt haben, stammt von Johann Eberlin von Günzburg. Eine Schrift von 1522, die in Augsburg verlegt wurde, trägt den vielsagenden Titel: *Wie gar gefährlich es sei, wenn ein Priester keine Ehefrau hat!* Er greift dort mit biblischen und historischen Gründen den Zölibat an und schildert dessen öffentliche Schädlichkeit. Er appelliert an die Bischöfe, ihren Widerstand gegen die Priesterehe aufzugeben.

Martin Luther

Bereits 1520 fordert Martin Luther in seiner Schrift *An den Christlichen Adel deutscher Nation von des Christlichen standes besserung*,[32] dass der Zölibat abgeschafft werden solle.

Schon im Juni 1525 brach Martin Luther Ordensgelübde und Zölibatsversprechen, indem er die ehemalige Nonne Katharina von Bora heiratete und Kinder zeugte. In einem Brief an Georg Spalatin schreibt er am 16. Juni 1525: „Ich habe mich durch diese Heirat so verächtlich und gering gemacht, dass alle Engel, wie ich hoffe, lachen und alle Teufel weinen mögen. Die Welt und ihre Klugen verstehen dieses fromme und heilige Werk Gottes noch nicht und machen es an meiner Person gottlos und teuflisch".[33]

Das siebẽd Capitel
S. Pauli zu den
Chorinthern
Ausgelegt
durch
Martinum Luther.
Wittemberg.
M. D. xxiij.

Luthers Auslegung des 7. Kapitels des 1. Korintherbriefs – eine Streitschrift gegen den Zölibat (1523)

Einen Tag später schrieb Luther an Michael Stiefel: „Bete Du für mich, dass Gott meinen neuen Lebensstand segne und heilige. Denn die Klüglinge sind mächtig erzürnt, auch unter den Unseren. Sie müssen erkennen, dass die Ehe Gottes Werk sei".[34]

Unter den „Unseren" befand sich beispielsweise auch Philipp Melanchthon, der den Bruch Luthers mit dem Zölibat zunächst nicht verstand und nicht billigte.

Justus Menius

Die Oeconomia christiana vom "thüringischen Reformator" Justus Menius, zu der Luther eine dreizehn Seiten lange Vorrede schrieb, gehört zum lutherischen Eheschrifttum, das sich im 16. Jahrhundert kritisch mit dem Zölibat auseinandersetzte. Die zölibatären Stände der Mönchsorden und des katholischen Klerus haben in dieser Ordnung keinen Platz mehr. Daher rührt die hohe Bedeutung, die die Lutheraner dem Ehe- und Hausstand in den Auseinandersetzungen mit dem Papsttum zumaßen: Er war das Gegenmodell zum "widernatürlichen" Zölibat, mit dem ihrer Ansicht nach die katholischen Geistlichen in selbstüberheblicher Weise ihre Gottgefälligkeit beweisen wollten.

Confessio Augustana

Artikel 23 der Confessio Augustana von 1530 bündelt dann die Überlegungen der Reformation. Der Bekenntnistext formuliert: *Der Priester darf heiraten, weil Gottes Schöpfungsordnung die Ehe vorsieht (1. Mose 1,27*[35]*).* Fernerhin ist es sogar seine Pflicht zu heiraten, wenn er anderenfalls in Unzucht fallen würde (1. Kor 7,2[36].9[37]).

Zölibat in der Ökumene

Neue Überlegungen zum Zölibat formulierte Frère Roger Schutz aus Taizé für seine ökumenisch geprägte Communauté de Taizé. In seiner *Regel aus Taize* schrieb er: "Wenn der Zölibat eine größere Verfügbarkeit dafür schafft, für Gottes Sache zu sorgen, kann man ihn nur annehmen, um sich noch mehr dem Nächsten hinzugeben mit der Liebe Christi selbst".[38]

Zölibat und sexueller Missbrauch

siehe auch: Sexueller Missbrauch in der römisch-katholischen Kirche#Ursachen und Zusammenhang mit dem Zölibat

Ob der Zölibat im Zusammenhang mit dem sexuellen Missbrauch speziell von schutzbefohlenen Kindern steht, ist in der Wissenschaft sehr umstritten. Außer Frage indes steht, dass der Zölibat keine Pädophilie erzeugt. Die sexuelle Prägung erfolgt viel früher im Leben eines Menschen, nicht erst wenn die Entscheidung für den Zölibat getroffen wird. Vertreter der Kirche selbst sehen keinen Zusammenhang. Hans-Ludwig Kröber, Professor für Forensik, errechnete, dass "nichtzölibatär lebende Männer mit einer 36 Mal höheren Wahrscheinlichkeit zu Missbrauchstätern als katholische Priester" werden[39] . Diese Berechnung wurde aber auch kritisiert, die Zahl sei zu hoch angesetzt[40] . Verschiedene andere Wissenschaftler sind der Meinung, der Zölibat locke Pädophile und Homosexuelle indirekt an[41] [42] . Der Psychiatrie-Professor Michael Osterheider spricht gar wegen des Zölibats im Zusammenhang mit der katholischen Kirche von einem "kritischen Biotop" für Pädokriminelle.[43]

Der Theologe und Psychoanalytiker Eugen Drewermann meint, die Bedingungen für Priesterweihe oder Ordenseintritt setzten „in großem Umfang Persönlichkeitseinschränkungen und Entwicklungshemmungen voraus". Wer sich dafür entscheide, sehe sexuelle Erfahrungen oft als sündhaft an und versuche sie zu verdrängen. Diese Lebensform werde gegen jede mögliche Erfahrung, rein im Hoffen auf die Gnade Gottes verteidigt, begünstige aber „neue Versuchbarkeiten, neue Fehlbarkeiten, neue Fehlhaltungen".[44] Der Theologe und Arzt Manfred Lütz sieht es jedoch als verantwortungslos an, den Zölibat in einen Kausalzusammenhang mit Kindesmissbrauch zu rücken.[45]

Siehe auch

- Kirchenreformen des 11. Jahrhunderts
- Nikolait, Lehrerinnenzölibat, Zölibatsklausel, Josefsehe, Misogamie, Vita consecrata, Evangelische Räte
- Dekret Presbyterorum Ordinis über Dienst und Leben der Priester (Zweites Vatikanisches Konzil, vom 7. Dezember 1965)
- Nachsynodales Apostolisches Schreiben Vita consecrata – über das geweihte Leben und seine Sendung in Kirche und Welt vom 25. März 1996.

Literatur

- Klaus Berger: Zölibat. Eine theologische Begründung. St. Benno Verlag, Leipzig 2009, ISBN 978-3-7462-2689-7
- Pierre Bourdieu: Le Bal des célibataires: Crise de la société paysanne en Béarn, Paris, Seuil, 2002, ISBN 2-02-052570-4
- Johannes Bours und Franz Kamphaus: Leidenschaft für Gott. Ehelosigkeit, Armut, Gehorsam. Freiburg 1991, ISBN 978-3-451-19435-1
- Paul Picard: Zölibatsdiskussion im katholischen Deutschland der Aufklärungszeit, Patmos-Verlag Düsseldorf 1975, ISBN 3-491-78442-5
- Christian Cochini: Apostolic Origins of Priestly Celibacy. San Francisco 1990.
- Georg Denzler: *Die Geschichte des Zölibats*. Herder, Freiburg 2002, ISBN 3-451-04146-4
- Anton Grabner-Haider: *Von Gott gewollt? Verheiratete katholische Priester und ihre Familien*. Böhlau Verlag, Wien 2008. ISBN 978-3-205-77738-0.
- Stefan Heid: *Zölibat in der frühen Kirche*. 3. Auflage. Schöningh, Paderborn 2003, ISBN 3-506-73926-3
- Horst Herrmann: *Die Heiligen Väter. Päpste und ihre Kinder*. Aufbau Taschenbuch-Verlag, Berlin 2004, ISBN 3-7466-8110-3
- Hubertus Mynarek: *Eros und Klerus. Vom Elend des Zölibats*. Econ, Wien und Düsseldorf 1978, ISBN 3-426-03628-2
- Uta Ranke-Heinemann: *Eunuchen für das Himmelreich. Katholische Kirche und Sexualität.*, Hoffmann und Campe, Hamburg 1988: aktuelle, wesentlich erweiterte Taschenbuch-Neuausgabe: Heyne, München 2003, ISBN 978-3-453-16505-2
- Agoston Roskovány: *Coelibatus, et Breviarium. Duo gravissima clericorum officia, e monumentis omnium seculorum demonstrata. Tomus IV. Literatura de coelibatu*. Beimel & Kozma, Pest 1861 (Digitalisat [46]) – Bibliographie der Literatur zum Zölibat vom 1. Jh. n. Chr. bis 1859
- A. W. Richard Sipe: *Sexualität und Zölibat*. Schönigh, Paderborn/München/Wien/Zürich 1992, ISBN 3-506-78559-1
- Alfons Maria Stickler: *Der Klerikerzölibat*. Maria Aktuell, Abensberg 1994, ISBN 3-930309-08-4
- Marc Trémeau: *Der gottgeweihte Zölibat. Sein geschichtlicher Ursprung und seine lehrmäßige Rechtfertigung*. Das Neue Groschenblatt, Wien 1981, ISBN 3-900378-01-0
- Vereinigung katholischer Priester und ihrer Frauen e. V. (Hrsg.): *Lebenswege – Hoffnungswege*. Pro Business, Berlin 2004, ISBN 3-937343-41-5
- Heinz-Jürgen Vogels: *Priester dürfen heiraten. Biblische, geschichtliche und rechtliche Gründe gegen den Pflichtzölibat*. Köllen, Bonn 1992, ISBN 3-88579-060-2
- Hans Conrad Zander: *Zehn Argumente für den Zölibat. Ein Schwarzbuch*. Patmos, Düsseldorf 1997, ISBN 3-491-72375-2
- Hartmut Zapp: *Zölibat II. Kanonisches Recht*. In: *Lexikon des Mittelalters*, Bd. 9, Sp. 665
- Jacobsen, Friedberg: *Cölibat*. In: *Realencyklopädie für protestantische Theologie und Kirche* (RE). 3. Auflage. Band 4, Hinrichs, Leipzig 1898, S. 204–208.
- *„Gottes heimliche Kinder, Töchter und Söhne von Priestern erzählen ihr Schicksal.“*, von Annette Bruhns und Peter Wensierski, 239 Seiten, Verlag Dtv, 2006, ISBN 978-3-423-34274-2
- *...weil mein Vater Priester ist*, von Karin Jäckel und Thomas Forster, 398 Seiten, Verlag Lübbe, 2002, ISBN 978-3-404-61503-2
- *Sag keinem, wer dein Vater ist. Das Schicksal von Priesterkindern*. von Karin Jäckel, 285 Seiten, Verlag Lübbe, 2004, ISBN 978-3-404-60543-9
- Bernhard Schimmelpfenning: *Zölibat und Lage der „Priestersöhne“ vom 11. bis zum 14. Jahrhundert*, in: Historische Zeitschrift Bd. 227, Heft 1, August 1978, S. 1-44, Neudruck in: Ders.: Papsttum und Heilige. Kirchenrecht und Zeremoniell. Ausgewählte Aufsätze, hrsg. v. Georg Kreuzer und Stefan Weiß, ars et unitas, Neuried 2005, S. 133-176, ISBN 3-936117-62-4

Weblinks

Zölibat in der römisch-katholischen Kirche

- „Zölibat – Pflicht oder Liebe?" – Informationen der Karl-Leisner-Jugend [47]
- Schwieriges Reden über den Zölibat [48]
- „Priester ohne Amt" (Österreich) [49]
- „Untersuchung zur Problematik des Zölibats im AdG (= Archiv der Gegenwart" (Hanswilhelm Haefs) [50]

Zölibat in evangelischer Sicht

- "Vom Zölibat zu Katharina", Evangelisches Sonntagsblatt aus Bayern vom 24. Februar 2008 [51] (PDF-Datei; 133 kB)
- Der Zölibat – sinnvolle oder überkommene Tradition? [52]

Referenzen

[1] Zur Ehelosigkeit der Priester in Tibet siehe http://www.textlog.de/5634.html
[2] http://www.bibleserver.com/go.php?lang=de&bible=EU&ref=Mt19%2C12
[3] Hans Küng: *Das Christentum - Wesen und Geschichte*, Piper, München 1994, ISBN 3-492-03747-X.
[4] Vgl. James H. Charlesworth: *The Historical Jesus*, An Essential Guide, Abingdon, Nashville 2008, ISBN 978-0-687-02167-3, S. 82-84; W. E. Phipps: *Was Jesus Married?*, New York 1970.
[5] http://www.bibleserver.com/go.php?lang=de&bible=EU&ref=Mk12%2C25
[6] Nachsynodales Apostolisches Schreiben *Vita Consecrata*, 1996
[7] http://www.bibleserver.com/go.php?lang=de&bible=EU&ref=1Kor7%2C7
[8] http://www.bibleserver.com/go.php?lang=de&bible=EU&ref=1Kor7%2C25f
[9] http://www.bibleserver.com/go.php?lang=de&bible=EU&ref=1Kor7%2C32%E2%80%9335
[10] http://www.bibleserver.com/go.php?lang=de&bible=EU&ref=Lk14%2C26
[11] http://www.bibleserver.com/go.php?lang=de&bible=EU&ref=Lev21%2C13%E2%80%9315
[12] http://www.bibleserver.com/go.php?lang=de&bible=EU&ref=1Kor7%2C2
[13] http://www.bibleserver.com/go.php?lang=de&bible=EU&ref=1Tim3%2C2%E2%80%934
[14] Wenn Priester Väter werden. Das Leiden der verbotenen Kinder. (http://www.spiegel.de/sptv/magazin/0,1518,248193,00.html)
[15] Welt: Priesterkinder - Kirche bricht Tabu (http://www.welt.de/print-welt/article293837/Priesterkinder_Kirche_bricht_Tabu.html)
[16] http://www.bibleserver.com/go.php?lang=de&bible=EU&ref=1Kor9%2C5
[17] http://www.bibleserver.com/go.php?lang=de&bible=EU&ref=1Tim3%2C2
[18] http://www.bibleserver.com/go.php?lang=de&bible=EU&ref=Mt8%2C14
[19] http://www.bibleserver.com/go.php?lang=de&bible=EU&ref=Mk1%2C30
[20] http://www.bibleserver.com/go.php?lang=de&bible=EU&ref=Lk4%2C38
[21] http://www.tagesspiegel.de/berlin/Kirche-Priester;art270,3026329
[22] Drewermann kritisiert Umgang der katholischen Kirche mit Missbrauchsvorwürfen (http://www.dradio.de/dkultur/sendungen/interview/1129912/), Eugen Drewermann im Gespräch mit Jan-Christoph Kitzler, Deutschlandradio Kultur, 22. Februar 2010
[23] „Katholische Priestervereinigung sieht Anzeichen zur Abschaffung des Zölibats" (http://www.netzeitung.de/vermischtes/357810.html), ShortNews vom 14. September 2005
[24] „Zölibat ist ein unmenschliches, überholtes Kirchenrecht" (http://www.wiesbadener-kurier.de/region/objekt.php3?artikel_id=2046591), Wiesbadener Kurier vom 10. September 2005
[25] Synodus Episcorum Verlautbarungen (http://www.vatican.va/news_services/press/sinodo/documents/bollettino_21_xi-ordinaria-2005/05_tedesco/b22_05.html)
[26] Botschaft der VI. Ordentlichen Generalversammlung der Bischofssynode 2.-23. Oktober 2005 (http://www.vatican.va/news_services/press/sinodo/documents/bollettino_21_xi-ordinaria-2005/05_tedesco/b29_05.html)
[27] Vatikan:Sacramentum Caritatis (http://www.vatican.va/holy_father/benedict_xvi/apost_exhortations/documents/hf_ben-xvi_exh_20070222_sacramentum-caritatis_ge.html)
[28] FAZ:Zollitsch: Zölibat „nicht theologisch notwendig" (http://www.faz.net/s/RubC4DEC11C008142959199A04A6FD8EC44/Doc~EB97FC7740DED4D4B927B133046A5ED14~ATpl~Ecommon~Scontent.html)
[29] Alois Glück für Lockerung der Zölibatspflicht (http://www.kath.net/detail.php?id=24663), KNA 24. November 2009
[30] Presse:Fall Friedl: Vatikan pocht auf Zölibat (http://diepresse.com/home/panorama/religion/488052/index.do?direct=488371&_vl_backlink=/home/panorama/religion/488371/index.do&selChannel=?from=home.panorama.religion.sc.p1)
[31] http://www.erzbistum-koeln.de/export/sites/erzbistum/dokumente/erzbischof/hirtenworte/jcm_hw_091115-zoelibat.pdf

[32] Martin Luther: *An den Christlichen Adel deutscher Nation von des Christlichen standes besserung* (http://www.zeno.org/Literatur/M/Luther,+Martin/Traktate/An+den+christlichen+Adel+deutscher+Nation+von+des+christlichen+Standes+Besserung)

[33] Brief Martin Luthers an Georg Spalatin vom 16. Juni 1525, zitiert in der deutschen Ausgabe Albrecht Beutel (Hg.): *Martin Luther – Briefe an Freunde und an die Familie*; München 1987; ISBN 3-406-32054-6; S. 18–19.

[34] Martin Luther an Michael Stiefel, Brief vom 17. Juni 1525, zitiert in der deutschen Ausgabe Albrecht Beutel (Hg.): *Martin Luther – Briefe an Freunde und an die Familie*; München 1987; ISBN 3-406-32054-6; S. 20.

[35] http://www.bibleserver.com/go.php?lang=de&bible=LUT&ref=1Mos1%2C27

[36] http://www.bibleserver.com/go.php?lang=de&bible=LUT&ref=1+Kor7%2C2

[37] http://www.bibleserver.com/go.php?lang=de&bible=LUT&ref=1+Kor7%2C9

[38] zitiert nach: "Ehelosigkeit in christlichen Gruppen", in: Evangelischer Erwachsenenkatechismus. Kursbuch des Glaubens, hrsg. von der Evangelisch-Lutherischen Kirche Deutschlands, Güterloh 1977, 3. Auflage, S.655-656 ISBN 3-579-04900-3, Zitat von Frère Roger auf Seite 656

[39] (http://www.domradio.de/aktuell/61084/pflicht-zur-selbstpruefung+.html), Prof. Kröber, Domradio

[40] (http://www.heise.de/tp/blogs/6/147049), Kritik an Prof. Kröber

[41] (http://www.mittelbayerische.de/index.cfm?pid=3086&pk=533549&p=1), Prof. Osterheider, Mittelbayerische Zeitung

[42] (http://www.stern.de/wissen/mensch/interview-mit-psychoanalytiker-die-katholische-kirche-zieht-paedophile-an-598758.html), Prof. Hilgers, stern

[43] (http://www.nn-online.de/artikel.asp?art=1190653&kat=27), "kritisches Biotop", Nürnberger Nachrichten

[44] Drewermann kritisiert Umgang der katholischen Kirche mit Missbrauchsvorwürfen (http://www.dradio.de/dkultur/sendungen/interview/1129912/), Eugen Drewermann im Gespräch mit Jan-Christoph Kitzler, Deutschlandradio Kultur, 22. Februar 2010

[45] Manfred Lütz: *Die Kirche und die Kinder.* In: Frankfurter Allgemeine Zeitung, 11. Februar 2010 (online (http://www.faz.net/s/RubCF3AEB154CE64960822FA5429A182360/Doc~E173087A601ED4094A11EA783A88449F0~ATpl~Ecommon~Scontent.html))

[46] http://www.google.de/books?id=r7wHAAAAQAAJ

[47] http://www.karl-leisner-jugend.de/Zoelibat.htm

[48] http://www.kirchliche-berufe.ch/index.php?&na=14,1,0,0,d,72127

[49] http://priester-ohne-amt.org/

[50] http://www.father-brown.de/notizen/kirche/index.htm

[51] http://www.evangelisches-sonntagsblatt.de/pdf_2008/080803.pdf

[52] http://www.nikodemus.net/897

Augustinismus

Unter **Augustinismus** wird die Rezeption des christlichen Theologen und Kirchenlehrers Augustinus von Hippo (354-430) verstanden. Mit dem Begriff wird insofern die Wirkungsgeschichte von Augustinus, insbesondere in der Geschichte des Abendlandes beschrieben.

Merkmale und Bedeutung

Als Hauptmerkmale des Augustinismus stellte Wilhelm Geerlings zwei allgemeine Aspekte heraus: 1. die dualistische Aufteilung der Wirklichkeit. 2. Ein aus diesem Dualismus abgeleitetes erkenntnistheoretisches Prinzip des Überschreitens der sinnlichen hin zu einer unsichtbaren Welt.[1] Konkret haben insbesondere Augustinus Erwägungen über den Gottesstaat (*De civitate Dei*), über die Trinität (*De Trinitate*), Prädestination, Erbsünde und Gnade die weiteren Diskussionen über die großen Themen der Theologie bis in die Gegenwart hinein bestimmt. In diesem Sinne ist der Augustinismus *„eine Grundstruktur abendländischer Theologie“*.[2]

Weitgehend unerforscht ist, inwieweit der Augustinismus gnostische Ideen in der abendländischen Geschichte transportiert haben könnte. Augustinus, der mehrere Jahre Anhänger des Manichäismus war, bevor er zum Gegner dieser Religion wurde und sich dem Christentum zuwandte,[3] verstand Weltgeschichte als eine gewaltige Auseinandersetzung zwischen dem Reiche Christi und dem Reiche des Bösen.[4] Der Philosoph Ernst Cassirer merkte in diesem Kontext an, dass *„die fortdauernde Einwirkung, die die manichäische Lehre auf Augustin auch nach dem Bruch mit dem Manichäismus geübt hat, nicht genügend beachtet zu werden pflegt“*.[5] Mit dieser Auffassung nahm er explizit Bezug auf eine Vortragsreihe von Richard Reitzenstein aus den Jahren 1922 und 1923. Der Gnosis-Forscher Sonnenschmidt legte sich in seinem Buch *Politische Gnosis* dagegen nicht auf einen direkten

Zusammenhang zwischen der antiken Gnosis und der politischen Gnosis in der Moderne fest. Vielmehr stellte er diesen Aspekt als eine Forschungsperspektive heraus und fragte sich, auch mit ausdrücklichen und beispielhaften Bezug auf Augustinus: „*Der Bogen, der von der spätantiken Gnosis zur modernen Gnosis in der Untersuchung gespannt ist, eröffnet neue Forschungsperspektiven, die unter der allgemeinen Hinsicht zusammengefasst werden können, ob es eine Entwicklungslinie bzw. Entwicklungs›logik‹ der Gnosis zumindest im Abendland gibt.*"[6]

Ein bedeutsames und folgenreiches Thema, mit dem sich Augustinus in seiner Opposition gegen den Pelagianismus seiner Zeit stemmte, war die Frage nach der Willensfreiheit des Menschen. Nach Augustinus, der sich diesbezüglich auf Paulus berief, sei die Sünde *keine* freie Tat. Aller guter Wille des Menschen sei von Gott abhängig; ein Gedanke, der später auch Luther bewegte.[2] Ferdinand Baur stellte heraus, dass „*die augustinische Erbsündenlehre sogar noch über den manichäischen Sünden- und Freiheitsbegriff hinausgehe*".[7] Augustin habe nach Baur für den Urzustand Adams genau dieselbe Freiheit behauptet wie Pelagius für den Menschen insgesamt. So sei er von der Freiheit des Menschen ausgegangen, um sie sogleich wieder fallen zu lassen.[7] Der Philosoph Peter Sloterdijk pointierte, dass das Phänomen Augustinus „*ideen- und mentalitätsgeschichtlich schicksalhaft*" geworden sei, „*weil durch ihn der bewegendste Gedanke der alten Welt, Platons Deutung der Liebe als Heimweh nach dem präexistentiell intuierten Guten, einer folgenreichen, verdüsterenden Neudeutung, ja einer Umkehrung unterworfen wurde*".[8] Und er fügte hinzu: „*Augustinus hat die Schleusen geöffnet, durch die seither primärmasochistische Energien ins europäische Denken einströmen; er hat - mit einer Radikalität, die ihn geradezu in den Rang einer höheren Gewalt erhob - das menschlich Unheilbare zum Hauptmotiv seiner Wirklichkeitsdeutung erhoben*".[8]

Zur Wirkungsgeschichte

Schon kurz nach dem Tod von Augustinus setzte eine „Verzettelung" hinsichtlich der Rezeption seiner Schriften ein, die dazu führte, dass die Denkweisen von Augustinus nur bruchstückhaft an die christlichen Denker des Mittelalters vermittelt wurden. So wurden in die erkenntnistheoretische Diskussion und in der Frage um den ontologischen Gottesbeweis lediglich die frühen Schriften von Augustinus aufgenommen.[1] Gleichsam interessierten sich die Denker des Mittelalters für die politischen Aspekte der Schriften von Augustinus. Das Hauptaugenmerk des „politischen Augustinismus" richtete sich dabei auf dessen Werk über den Gottesstaat (*De civitate Dei*).[1]

Besonders für das Franziskanertum war ein „starker Augustinismus" stets charakteristisch.[9] Für das ausgehende Hochmittelalter ist diesbezüglich vor allem der Philosoph und Theologe Bonaventura (1221-1274) zu erwähnen.[9] Rezipiert wurde Augustinus auch von Gerard Groote (1340-1384), der sich ebenso für Bernhard von Clairvaux interessierte, Schüler von Jan van Ruysbroek war und später eine eigene Bruderschaft gründete. Die bedeutendste Schrift dieser Bruderschaft, die erhebliche Verbreitung fand, war die *Nachfolge Christi*.[10]

In ideengeschichtlicher Hinsicht lässt sich der Augustinismus auch in der Zeit der Renaissance und Reformation nachweisen. So vor allem in der Gnadenlehre und Rechtfertigungslehre sowie in der Konzeption von zwei „Reichen" des Kirchenreformators Martin Luther (1483-1546).[1] Das Konzil von Trient, das in Opposition zu den Reformbestrebungen der frühen Neuzeit formuliert wurde, zeigte dagegen hinsichtlich der Gnaden-, Kirchen- und Sakramentenlehre einen anderen Augustinus.[1]

Die neuen Entdeckungen in der Zeit der Renaissance führten auch zu Verunsicherungen. Entgegen der christlichen, von Augustinus vertretenen Auffassung hatten die Entdeckungen gezeigt, dass es eine Vielzahl irdischer Welten gibt und die Möglichkeit einer Diskussion über den polygenetischen Ursprung der Menschheit nicht auszuschließen war.[11] Selbst die hartnäckigsten Verteidiger des mittelalterlichen Weltbildes, insbesondere die Jesuiten, versuchten die neuen Tatsachen mit alten Prinzipien zu versöhnen, indem sie den philosophischen Begriff Erfahrung heranzogen, „*um zu erklären, wie und warum ein Augustinus irren konnte*".[11] Auch bei dem Philosophen Gottfried Wilhelm Leibniz (1646-1716) findet sich ein entsprechender Versuch der Neudeutung von Augustinus. So war Leibniz der Ansicht, dass die antike Meinung von der „Winzigkeit" des Universums Augustinus daran gehindert habe, eine angemessene Erklärung für das Böse zu geben.[12]

Der Jansenismus des 17. und 18. Jahrhunderts setzte sich vor allem mit den „düsteren" Denkweisen von Augustinus auseinander und beschäftigte sich mit dessen Gnadenlehre.[1]

Ebenso finden sich Ideen von Augustinus im Werk des politischen Philosophen Jean-Jacques Rousseau (1712-1778), für den vor allem die Frage nach der Freiheit des Menschen in der politischen, bürgerlichen Gemeinschaft im Mittelpunkt seiner Überlegungen stand.[13] Die Philosophin Susan Neimann schrieb diesbezüglich:

> „Gleich Augustinus sah Rousseau in der menschlichen Freiheit Gottes größte Gabe; gleich Augustinus schilderte er unermüdlich, wie sehr wir sie missbrauchen. Anders als Augustinus meint Rousseau, der Sündenfall und die mögliche Erlösung davon ließen sich ganz und gar natürlich erklären. *Natürlich* meint hier: wissenschaftlich im Gegensatz zu theologisch. Rousseau setzt die Geschichte an die Stelle der Theologie, und an die Stelle der Gnade die pädagogische Psychologie."[14]

Auch in der Philosophie des 20. Jahrhunderts ist die Rezeption der Denkweisen von Augustinus nachweisbar, so zum Beispiel bei Max Scheler (1874-1928) und Martin Heidegger (1889-1976).[1] In der politischen Theologie um die Jahrhundertwende war Adolf von Harnack (1851-1930) von herausragender Bedeutung. In seiner 1922 verlegten Schrift *Augustin* postulierte Harnack seine Forderung nach einem *„neuen Augustinismus"*, in dem *„die Ehrfurcht vor Gott als der Quelle aller hohen Güter die Erkenntnis und die Gesinnungen der Menschen durchdringt, die wahre Freiheit begründet und einen Bund der Gerechtigkeit und des Friedens schafft"*.[15] Harnacks Blick richtete sich auf eine Erneuerung der Kultur im Sinne einer idealistischen geistigen Vertiefung, ohne sich gegen die Errungenschaften der Moderne zu richten. Massiv gegen Oswald Spenglers damals populäres Buch *Der Untergang des Abendlandes* argumentierte er explizit mit seiner Augustinus-Rezeption. Großes Lob erhielt Harnack für seine Schrift *Augustin* von dem Dichter Gerhart Hauptmann (1862-1946).[15]

Der Kulturhistoriker Friedrich Heer konstatierte in seinem erstmals 1968 erschienen Buch *Gottes erste Liebe* die Geschlechtsfurcht als ein Merkmal des Augustinismus. Dabei verwendete Heer die Begriffe „Augustinismus" und „Manichäismus" als ein Doppelepitheton und stellte einen Bezug zum modernen Antisemitismus her. So schrieb er, dass zum Zeitpunkt seiner Niederschrift *„kirchliche Kampagnen gegen die Sexualisierung, gegen die Sexwelle durch Stadt und Land"* laufen würden. Und er fügte hinzu: *„Sie beruhen auf augustinischen und manichäischen Grundlagen. Der latente Manichäismus ist die Krebskrankheit der Christenheit. Der Antisemitismus setzt sich gerne in Metastasen dieses Krebses fest."*[16]

Literatur

- Gustav Friedrich Wiggers: *Versuch einer pragmatischen Darstellung des Augustinismus und Pelagianismus nach ihrer geschichtlichen Entwicklung*. Hamburg 1833. Google Books [17]
- Odilo Rottmanner: *Der Augustinismus*. Eine dogmengeschichtliche Studie. Veröffentlicht vom Verlag der J.J. Lentner'schen Buchhandlung, 1892.
- Ernst Bernheim: *Mittelalterliche Zeitanschauungen in ihrem Einfluß auf Politik und Geschichtsschreibung*. Tübingen 1918. (Neudruck, Tübingen 1964, DNB [18].)
- Ricarda Winterswyl: *Beiträge zum politischen Augustinismus und Neuplatonismus in der mittelalterl. Rechtslehre, mit bes. Berücksichtigung des Hostiensis*. Diss., München 1958.
- Georg Denzler: *Die verbotene Lust*. 2000 Jahre christliche Sexualmoral, München 1988. (Neuaufl., Weyarn 1997, ISBN 3-932131-04-5.)
- Karl Löwith: *Weltgeschichte und Heilsgeschehen*. Die theologischen Voraussetzungen der Geschichtsphilosophie. Stuttgart 1953. (Neuaufl., Stuttgart 2004, ISBN 3-476-02010-X.)
- Dietrich Ritschl: *Die Last des augustinischen Erbes*. In: *Parrhesia*. Karl Barth zum 80. Geburtstag. Zürich 1966, S. 470-490.
- Susanne Hausammann: *Alte Kirche*. Bd. 3.: Gottes Dreiheit - des Menschen Freiheit. Trinitätslehre, Anfänge des Mönchtums, Augustin und Augustinismus. Zur Geschichte und Theologie vom 4./5. Jahrhundert. Neukirchen-Vluyn 2003, ISBN 3-7887-1922-2.

- Traugott Koch / Stephan von Twardowski: *Die Entstehung der lutherischen Frömmigkeit.* Die Rezeption pseud-augustinischer Gebetstexte in der Revision früher lutherischer Autoren (Andreas Musculus, Martin Moller, Philipp Kegel, Philipp Nicolai). Waltrop 2004, ISBN 3-89991-021-4.

Weblinks

- Literatur zum Thema Augustinismus [19] im Katalog der Deutschen Nationalbibliothek

Referenzen

[1] Wilhelm Geerlings: *Augustinismus.* In: Volker Drehsen / Hermann Häring u.a. (Hrsg.): *Wörterbuch des Christentums.* 1500 Stichwörter von A-Z. München 2001, S. 111, ISBN 3-572-01248-1.

[2] Henning Reventlow: *Epochen der Bibelauslegung.* Von der Spätantike bis zum ausgehenden Mittelalter. München 1994, S. 87 f., ISBN 3-406-34986-2.

[3] Rüdiger Safranski: *Das Böse oder Das Drama der Freiheit.* München / Wien 1997, S. 50; Stuart Holroyd: *Gnostizismus.* Aus dem Englischen von Martin Engelbrecht. Braunschweig 1995, S. 73 ff.

[4] Eric Voegelin: *Die politischen Religionen.* Hrsg von Peter J. Opitz. München 1993, S. 35.

[5] Ernst Cassirer: *Individuum und Kosmos in der Philosophie der Renaissance.* Die platonische Renaissance in England und die Schule von Cambridge. Hamburg 2002, S. 295, ISBN 3-7873-1414-8. (Quelle: Richard Reitzenstein: Augustin als antiker und als mittelalterlicher Mensch. In: *Vorträge der Bibliothek Warburg.* Hrsg. von Fritz Saxel. Bd. 2: Vorträge 1922-1923. Leipzig / Berlin 1924, S. 28-65.)

[6] Reinhard W. Sonnenschmidt: *Politische Gnosis.* Entfremdungsglaube und Unsterblichkeitsillusion in spätantiker Religion und politischer Philosophie, München 2001, S. 261, ISBN 3-7705-3626-6.

[7] Volker Henning Drecoll: *Die Entstehung der Gnadenlehre Augustins.* Tübingen 1999, S. 2, ISBN 3-16-147046-X. (Quelle: Ferdinand Christian Baur: *Das manichäische Religionssystem.* Neudr. nach d. Ausg. von 1831, Göttingen 1928, DNB (http://d-nb.info/572346158).)

[8] Peter Sloterdijk: *Vorbemerkungen.* In: Kurt Flasch: *Augustinus.* München 2000, S. 8 f., ISBN 3-423-30692-0.

[9] Henning Reventlow: *Epochen der Bibelauslegung.* Von der Spätantike bis zum ausgehenden Mittelalter. München 1994, S. 213 f.

[10] Ruggiero Romano / Alberto Tenenti: *Die Grundlegeung der modernen Welt.* Spätmittelalter, Renaissance, Reformation. Fischer Weltgeschichte Band 12. Frankfurt a.M. 1994, S. 108.

[11] Ruggiero Romano / Alberto Tenenti: *Die Grundlegeung der modernen Welt.* Spätmittelalter, Renaissance, Reformation. Fischer Weltgeschichte Band 12. Frankfurt a.M. 1994, S. 201.

[12] Susan Neimann: *Das Böse denken.* Eine andere Geschichte der Philosophie. Frankfurt a.M. 2004, S. 56, ISBN 3-518-58389-1.

[13] Hiltrud Naßmacher: *Politikwissenschaft.* München / Wien / Oldenbourg 1994, S. 308 f., ISBN 3-486-22393-3.

[14] Susan Neimann: *Das Böse denken.* Eine andere Geschichte der Philosophie. Frankfurt a.M. 2004, S. 80.

[15] Christian Nottmeier: *Adolf von Harnack und die deutsche Politik 1890-1930.* Eine biographische Studie zum Verhältnis von Protestantismus, Wissenschaft und Politik. Tübingen 2004, S. 487, ISBN 3-16-148154-2.

[16] Friedrich Heer: *Gottes erste Liebe.* Die Juden im Spannungsfeld der Geschichte. Frankfurt a.M. / Berlin 1986, S. 520 f.

[17] http://books.google.de/books?hl=de&id=MkIAAAAAYAAJ&dq=Augustinismus&printsec=frontcover&source=web&ots=cDmIvKWbOF&sig=HPNCvYX3wve_TBQVtf0K_ajCjpg&sa=X&oi=book_result&resnum=7&ct=result#PPP1,M1

[18] http://d-nb.info/450410374

[19] https://portal.d-nb.de/opac.htm?query=Augustinismus&method=simpleSearch

Confessiones

Die **Bekenntnisse** (lateinisch ***Confessiones***) sind autobiographische Betrachtungen des christlichen Kirchenlehrers Augustinus, entstanden um 400 n. Chr. Er war damals Bischof von Hippo Regius in der römischen Provinz Numidien, heute Souk Ahras in Algerien

Augustinus wird von Ambrosius von Mailand getauft

Inhalt

Wie Augustinus später bemerkt, hat das Titelwort zwei Bedeutungen: *Confession* im Sinn von „Schuldbekenntnis" und *Confessio* im Sinn von „Glaubensbekenntnis". Confiteri bedeutet seinem Wortsinn nach zugeben, feierlich bekennen, verkünden, preisen. Ein Hinaustreten aus der Vorbehaltenheit des Inneren ins Öffentliche. Das Werk ist in 13 Bücher eingeteilt. Thema sind die Irrwege und die Vollendung des Strebens zur Einung mit Gott, wie in der bekannten Sentenz zu Werkanfang ausgedrückt:

> „Unruhig ist unser Herz, bis es ruht in dir, o Herr." (Inquietum est cor nostrum, donec requiescat in te, Domine.)

Die *Confessiones* beschreiben in einer Art Selbstbetrachtung Phasen der eigenen geistigen Entwicklung Augustins. Ausdruck findet dies im Lobpreis an Gott, die den Rahmen für die ganzen *Confessiones* bilden. Die *Confessiones* sind in 13 Bücher aufgeteilt. Die Bücher 1 bis 9 enthalten rückblickende Betrachtungen bis zum Jahr 387. Geschichtliche und politische Ereignisse jener Tage blendet Augustinus, zur Zeit der Verfassung Bischof, aus und legt den Schwerpunkt auf die Entwicklung seines Denkens, Suchens und Fragens. Im 10. Buch findet sich eine Schilderung seines Gemütszustandes zur Zeit der Abfassung, seine persönliche Schilderung seines „Sünderseins", aber auch die psychologische Abhandlung über das Gedächtnis, deren Passage

> „Und es gehen die Menschen hin, zu bestaunen die Höhen der Berge, die ungeheuren Fluten des Meeres, die breit dahinfließenden Ströme, die Weite des Ozeans und die Bahnen der Gestirne und vergessen darüber sich selbst."

Francesco Petrarca auf dem Mont Ventoux seine dichterische Berufung erkennen ließ. In Form eines Selbstgesprächs enthält das 11. Buch philosophische Betrachtungen über die Zeit. In den Büchern 12 und 13 interpretiert Augustinus die biblische Schöpfungsgeschichte als Lobpreis auf die „Herrlichkeit Gottes".

Das Werk beginnt mit der persönlichen Entwicklung des Augustinus hin zum christlichen Glauben und enthält gegen Schluss immer mehr philosophische Betrachtungen, besonders auch zum Thema Zeit. Anhand der *Confessiones* lässt sich die Auseinandersetzung zwischen Manichäismus und Neuplatonismus und dem Christentum nachvollziehen, die sich auch in der Biographie von Augustinus widerspiegelt.

Gattung

Die *Confessiones* gelten als erste Autobiographie, die nicht nur ein Selbstporträt gibt, sondern dezidiert historische Züge aufweist.[1] Als gattungskonstitutiv gilt die kontinuierliche Darstellung eines Lebenszusammenhangs. Zudem kann das Werk auch als ein Lob- und Preislied auf Gott aufgefasst werden. Zugleich ist es eine Werbeschrift für das Christentum und steht in der Tradition philosophischer Werbeschriften der Sophisten (Bezeichnung: *Protreptikos*). Das Grundmotiv Augustins ist tiefe Dankbarkeit gegenüber der göttlichen Vorsehung, die wunderbar über seinem Leben gewaltet hat.

Rezeption

Jean-Jacques Rousseau nahm sich Augustinus zum Vorbild, als er seine Lebensbeichte *Confessions* nannte.

Literatur

- Georg Wunderle: *Einführung in Augustins Konfessionen.* Literarisches Institut Haas & Grabherr, Abt. Buchverlag, Augsburg 1930.
- Kurt Flasch: *Augustin. Einführung in sein Denken.* 2. Auflage. Reclam, Stuttgart 1994, ISBN 3-15-009962-5.
- Johann Kreuzer: *Augustinus zur Einführung.* Junius, Hamburg 2005, ISBN 3-88506-609-2.

Weblinks

lateinische Ausgaben

- Confessiones [2], lat. Text mit engl. Kommentar von J. J. O'Donnell (alternative Ausgabe [3], weitere [4])
- Confessiones [5], lat. Text der editio minor von Knöll 1898
- Confessiones [6], lat., ASCII-Text
- Confessiones [7], ed. L. Verheijen, Brepols, Turnhout 1981 (Tituli capitulorum ex editione J.-P. Migne, Paris 1861, PL 32)
- Confessionum Libri Tredecim [8], Patrologia Latina 32 (PDF-Datei; 1,65 MB)

deutsche Übersetzungen

- *Confessiones.* [9] Online-Text, Projekt Gutenberg-DE., dt. Übers. Otto F. Lachmann
- Bekenntnisse [10], Übersetzung von Otto F. Lachmann: Die Bekenntnisse des heiligen Augustinus, Leipzig: Reclam 1888 u.ö.
- Bekenntnisse [11], aus dem Lateinischen übersetzt von Dr. Alfred Hofmann. (Bibliothek der Kirchenväter, 1. Reihe, Band 18; Augustinus Band VII) München 1914.
- Digitalisierter Volltext von *Augustinus' „Bekenntnissen“* [12] bei Zeno.org, nach der deutschen Übersetzung von Georg Rapp, Stuttgart 1838

Referenzen

[1] Günter Niggl: Art. Autobiographie (http://users.unimi.it/dililefi/Haas/Corso 2004-05, Bernhard/Autobiographie, Killy Literaturlexikon.doc), in: Killy Literaturlexikon, Bd. 13, S. 65 ff.
[2] http://ccat.sas.upenn.edu/jod/conf
[3] http://www.stoa.org/hippo/noframe_entry.html
[4] http://www.stoa.org/hippo/
[5] http://ccat.sas.upenn.edu/jod/latinconf/latinconf.html
[6] http://individual.utoronto.ca/pking/resources/augustine/Confessiones.txt
[7] http://www.hs-augsburg.de/~Harsch/Chronologia/Lspost05/Augustinus/aug_co00.html
[8] http://www.documentacatholicaomnia.eu/02m/0354-0430,_Augustinus,_Confessionum_Libri_Tredecim,_MLT.pdf
[9] http://gutenberg.spiegel.de/augustin/bekennt/bekennt.htm
[10] http://www.ub.uni-freiburg.de/referate/04/augustinus/bekennt1.htm
[11] http://www.unifr.ch/bkv/buch19.htm
[12] http://www.zeno.org/Philosophie/M/Augustinus,+Aurelius/Bekenntnisse

De Trinitate

De Trinitate ist das philosophische Hauptwerk des Augustinus. An Argumentationskraft und Bedeutung steht es gleichrangig neben *De civitate Dei* und den *Confessiones*. Sein Werk dokumentiert das Ende antiker Denkweise und Lebenshaltung.

Gliederung

Das Werk ist in fünfzehn Bücher gegliedert. Das erste Buch befasst sich mit dem Beweis der Einheit und Gleichheit der drei göttlichen Personen auf Grund der Schrift. Er versucht dabei eine Interpretation einiger anscheinend gegen die Gleichheit des Sohnes mit dem Vater sprechender Schrifttexte.

Literatur

- Roland Kany: *Augustins Trinitätsdenken. Bilanz, Kritik und Weiterführung der modernen Forschung zu "de trinitate"*. Studien und Texte zu Antike und Christentum, Bd. 22, Tübingen 2008, ISBN 978-3-16-148326-4. (Zum einflußreichsten Werk Augustins das bisher sachkundigste Buch [1].)

Weblinks

- De Trinitate, deutsche Ausgabe [2] (rtf)

Referenzen

[1] http://www.perlentaucher.de/buch/31202.html
[2] http://www.unifr.ch/bkv/bucha205.htm

De civitate Dei

De civitate Dei, 1470

De civitate Dei (lat. Vom Gottesstaat) ist eine in der Zeit von 413 bis 426 verfasste Schrift des Augustinus (354-430 n. Chr).

Hintergrund für die Entstehung war die Eroberung Roms durch die Westgoten im Jahre (410). Die zu dieser Zeit unter den Christen verbreitete Gleichsetzung des christianisierten Römerreichs mit jener Gottesherrschaft, von der Jesus gesprochen hatte, wurde durch dieses Ereignis in Frage gestellt und gab heidnischen Ansichten Auftrieb, wie sie 30 Jahre zuvor Quintus Aurelius Symmachus im Streit um den Victoriaaltar formuliert hatte.

In 22 Büchern entwickelt Augustinus die Idee vom Gottesstaat (*civitas dei, civitas caelestis*), der zum irdischen Staat (*civitas terrena*) in einem bleibenden Gegensatz stehe. Der irdische Staat erscheint in der Augustinischen Darstellung teils als gottgewollte zeitliche Ordnungsmacht, teils als ein von widergöttlichen Kräften beherrschtes Reich des Bösen. Der Gottesstaat andererseits manifestiert sich in den einzelnen, nach den religiösen Geboten lebenden, Christen selbst. Von dieser dialektischen Grundidee her entwirft Augustinus eine umfassende Welt- und Heilsgeschichte. Dieser Entwurf war das ganze Mittelalter über, bis hin zu Martin Luther, äußerst einflussreich.

Augustinus geht auch auf die griechische Philosophie ein. Er schreibt unter anderem über den Kontrast zwischen Stoa, Epikureismus und der Seelenwanderungslehre Platons. Ferner sagt er, dass die Philosophen trotz ihres Streits für die Wahrheit, nicht den Weg zum Glück fanden. Somit wird er von manchen in gewisser Weise als Begründer des Existenzialismus angesehen.

Indem Augustinus zudem betont, dass die Kirche und der christliche Glauben unabhängig vom Bestehen des Römischen Reiches seien, ist sein Denken nicht mehr von den Vorstellungen der Antike abhängig; Augustinus gilt daher als einer der ersten Denker der Nachantike, der dem Christentum den Weg ins Mittelalter, also in die neue Zeit, bahnte.

Literatur

- Augustinus: *Vom Gottesstaat. Vollständige Ausgabe in einem Band. Buch 1 bis 10, Buch 11 bis 22.* Dtv. 2007 – ISBN 978-3-423-34393-0
- Christoph Horn (Hrsg.): *Augustinus. De civitate dei.* Klassiker Auslegen, Bd. 11. Akademie Verlag. Berlin 1997 – ISBN 3-05-002871-8
- Joseph Ratzinger: *Volk und Haus Gottes in Augustins Lehre von der Kirche* (= Münchner theologische Studien 2/7). München 1954, Neuauflage, EOS Verlag, St. Ottilien, ISBN 3-88096-207-3
- Lexikon der theologischen Werke, hrsg. v. M. Eckert u.a., Darmstadt 2003, S. 145-147

Weblinks

- lateinische Fassung [1] in der BIBLIOTHECA AUGUSTANA [2]
- deutsche Übersetzung [37]
- englische Übersetzung [3]
- James J. O'Donnell: *Augustine, City of God* (fachwissenschaftlicher Aufsatz mit Literaturangaben) [4]

Referenzen

[1] http://www.hs-augsburg.de/~harsch/Chronologia/Lspost05/Augustinus/aug_cd00.html
[2] http://www.hs-augsburg.de/~harsch/augusta.html
[3] http://www.ccel.org/ccel/schaff/npnf102.iv.html
[4] http://www9.georgetown.edu/faculty/jod/augustine/civ.html

De beata vita

De beata vita (lat., *Vom glücklichen Leben*) ist der Titel zahlreicher philosophisch/theologischer Abhandlungen der Antike und des Mittelalters, die sich mit den Voraussetzungen der Glückseligkeit des Menschen beschäftigen. Dieser Artikel beschäftigt sich vor allem mit De beata vita, dem philosophischen Frühwerk Augustins.

Vom glücklichen Leben

Augustinus verfasste *De beata vita* (*Vom glücklichen Leben*) 386, während er sich in der Nähe von Mailand auf einem Landgut namens Cassiciacum aufhielt, um dort nach langen und stürmischen Jahren des rastlosen Suchens nach der Wahrheit endlich bei ihr eingekehrt, seinem Denken und Dasein einen Neuanfang zu ermöglichen. Zum einen äußerlich dadurch, dass er seinen Beruf als Rhetoriklehrer aufgrund von Bauchbeschwerden aufgab, und damit auch teilweise seinen Mailänder Lebenskreis, und zum anderen innerlich dadurch, dass er versuchte, sich im hilfreichen Verbunde mit wenigen Gleichgesinnten der erreichten Neubesinnung in äußerer und innerer Stille und Abgeschiedenheit bewusst zu werden. Philosophisch betrachtet, ein unerhört wertvoller Zeitpunkt – nicht nur weil auch bei anderen Wahrheitssuchern selten so deutlich erkennbar –, sondern vor allem, weil er uns Heutigen auch noch nach mehr als eineinhalb Jahrtausenden die Chance ermöglicht, dem originären Denkansatz Augustinus` nachdenkend und schließlich auch existentiell nachvollziehend zu einer eigenen reflektierten Positionierung gegenüber dieser Wahrheit zu gelangen. Das Werk selbst widmete er dem Flavius Manlius Theodoros, Konsul des Jahres 399 und Christ, der der neuplatonischen Philosophie nahestand.

Inhalt

Inhaltlich geht es in *De beata vita* um die denkende Selbstauslegung eines wichtigen Lebensabschnittes in Augustins Leben. Dies geschieht nicht in Form eines Aufsatzes oder einer Abhandlung, sondern in Form eines Protokolls über ein sich - mit Augustins Geburtstag beginnend - über drei Tage hinziehendes Gespräch, an dem Freunde, seine Schüler Trygetius und Licentius, seine beiden Vettern Lartidianus und Rusticus, sein Bruder Navigius, seine Mutter Monika und sein Sohn Adeodatus beteiligt gewesen waren. Alle Beteiligten waren miteinander eng und anteilnehmend verbunden. Unter ihnen herrschte außerdem ein grundlegendes Einverständnis darüber, was Philosophieren bedeutet und welches Ziel Philosophieren haben soll. Augustinus übernahm die Führerrolle in diesem Gespräch, indem er durch Fragen an seine Gesprächspartner herauszufinden suchte, ob sie seine Ansichten zu teilen bereit und in der Lage waren. Er appellierte dabei immer wieder an ihre Einsichtsfähigkeit und forderte sie auf, durch eigenes prüfendes Nachvollziehen des gemeinsam Erarbeiteten herauszufinden, ob und inwieweit es ihrer Meinung nach zuträfe. Wie sehr diese Schrift dem ganz persönlichen Philosophieren gewidmet ist, wird schon in der Einleitung deutlich, die folgendermaßen beginnt: „*Am Morgen des 13. Novembers 386, bat ich meine Gäste mir nach einem leichten Frühstück ins Badehaus zu folgen, um sich mit mir in diesem abgelegenen Ort zu unterhalten. ... Steht es eigentlich für euch fest, dass der Mensch aus Seele und Leib besteht? So begann ich das Gespräch in der Runde."* Interessant an diesem philosophischen Frühwerk Augustins ist auch die Rolle von Marcus Tullius Ciceros verlorenem Werk *Hortensius* und die Rezeption neuplatonischen Gedankengutes mit manchen Anklängen, etwa an Plotin. Nicht nur das persönliche Philosophieren kommt zum Ausdruck, sondern die Philosophie der Antike als Ganzes ist als Hintergrund zu verstehen.

Textausgaben

- Lateinisch-Deutsch: Augustinus, *De beata vita.* Über das Glück, Stuttgart 1989 (=1982), ISBN 3-15-007831-8
- Textkritische lateinische Ausgabe: *Stromata patristica et mediaevalia.* Bd. 2: Aurelii Augustini Contra Academicos, De Beata Vita Necnon De Ordine Libri. Hrsg. von Wilhelm M. Green, Antwerpen 1956

Weblinks

- Der lateinische Originaltext auf einer italienischen Internetseite [1]

Referenzen

[1] http://www.augustinus.it/latino/felicita/

De vera religione

De vera religione ist ein Werk des christlichen Autors Augustinus von Hippo.

Augustinus von Hippo „De vera religione"

Augustinus von Hippo wurde 354 im nordafrikanischen Thagaste geboren. „De vera religione" ist eine Frühschrift des späteren Kirchenvaters. Er schrieb sie im Jahre 390, drei Jahre nach seiner Bekehrung. Augustin starb 430 im von den Wandalen belagerten Hippo Regius.

In „De vera religione" verarbeitet Augustinus seinen Bruch mit dem Manichäismus und seine Bekehrung zum Christentum. Er will seine Entscheidung vor seinem Gönner Romanianus rechtfertigen. Zur Darstellung der christlichen Theologie macht er sich die Lehre des Neuplatonismus zu Nutze. Gleichzeitig zeigt er aber auch die Grenzen der neuplatonischen Philosophie auf und entwickelt aus der Lehre vom rechten Gottesbild die Praxis des wahren Kultes. Zur Entstehungszeit von „De vera religione" hatte Augustin noch keinerlei kirchliches Amt.

„Den Zugang zu einem guten und glückseligen Leben eröffnet allein die wahre Religion, welche nur einen Gott verehrt". (I.1) So beginnt Augustin sein Werk. Im einleitenden Teil setzt er sich mit der Lehre der Platoniker und Manichäer auseinander. Die Neuplatoniker sieht er der christlichen Lehre sehr nahe, bemängelt aber ihre Inkonsequenz. So lehren sie zwar das Eine als am höchsten und als Ursprung allen Seins, können dies aber nicht in die Praxis des Kultes übertragen: Sie verehren die heidnischen Gottheiten. Ihre Kultpraxis entbehrt der Kongruenz mit der Lehre und so auch jeglicher Wahrheit. Sokrates und Plato haben zwar den richtigen Weg eingeschlagen, konnten aber ihre Lehre nicht zu den Menschen tragen um so eine wahre Religion zu praktizieren. Erst durch Jesus Christus wurde dieser Schritt vollzogen.

Trotz der Ablehnung jedweden Götzendienstes betont Augustin ausdrücklich: Alles Sein und damit alles Seiende ist gut, denn es ist vom wahren Gott, der zuhöchst seiend ist. Schlechtes und Übles ist nur defizitär, insofern es weniger Sein hat, dem Tod zugewandt ist. Es gibt also nichts an sich böses.

Der Mensch kann nur zum Glück gelangen, insofern er sich dem höchsten Sein, Gott zuwendet. Sündigt er, so geschieht dies in freiem Willen, sich von Gott abzuwenden und dem Tod zuzuneigen. Im Geiste dieser Freiheit geschieht die Verehrung Gottes. Augustinus stellt das Judentum hier als Gegenbeispiel dar: Sie verehren Gott, um sich so ein sorgloses irdisches Leben zu „erkaufen". Der Preis für dieses Leben ist die Einhaltung der Gesetze, die JHWH ihnen im Alten Bund auferlegt hat. Im Bund des Neuen Testamentes steht der Mensch in Freiheit vor Gott. Gott will nicht um der irdischen Güter willen verehrt werden, sondern um seiner selbst wegen. So findet der Kult seine Erfüllung in der Begegnung mit Gott.

Für Augustinus gilt: Die Sorge um das leibliche Wohl bringt den Menschen nur um seine Glückseligkeit. Er ruft dazu auf, sich vom Niedrigen, vom Irdischen abzuwenden und die Suche nach Gott als dem Höchsten in den Mittelpunkt unseres Lebens zu stellen.

Augustinus stellt nun die Frage, wie weit die Vernunft vom Sichtbaren zum Unsichtbaren vordringen kann. Er bemerkt, dass der Geist über die Sinne und das Irdische zu urteilen vermag und zieht daraus den Schluss, dass die Vernunft allem Vergänglichen überlegen ist. Das Kriterium des Urteils der Vernunft ist wahre Gleichheit und Einheit, also Wahrheit. Die Wahrheit, so erkennt Augustinus, kann nicht irren und ist so über den Geist erhoben, der irren kann. Gott und die Wahrheit sind ein und dasselbe; nur er kann über uns urteilen. Wahrheit und also auch Gott kann nur der Geist erkennen.

In diesem Punkt kann Augustinus dem Neuplatonismus nicht mehr folgen. Denn in der neuplatonischen Theurgie wird der Mensch in der Gottesbegegnung als passiv begriffen. Eine intellektuelle Gotteserfahrung ist dem Neuplatoniker unmöglich. Der Geist wird nur auf diese Begegnung vorbereitet, er kann Gott nie von sich aus erreichen. Dies führt zum Postulat zweier Wahrheiten: die des menschlichen Erkennens und die der göttlichen Werke. Der Neuplatoniker kann also das, was er verehrt, nicht mehr verstehen. Für Augustinus sind aber nur jene Kultelemente heiligend, die der Vollziehende auch versteht.

Das kultische Verhalten sieht Augustinus als zur menschlichen Vernunft gehörig an. Er kann daher auch nicht die atheistische These gelten lassen, nach der der Mensch nichts verehrt. Denn der Mensch verehrt immer etwas, indem er sich von etwas Seligkeit und Glück erhofft. So läuft der Atheist Gefahr dem Zeitlichen zu verfallen.

Das Vergängliche aber ist nicht der Verehrung des Menschen würdig, denn es ist von niedrigerem Sein als seine Vernunft. Diese kann überall, auch im Niedrigen, Wahrheit erkennen, denn alles ist von Gott. Er ist es, durch den wir urteilen und so können wir ihn auch in jedem Urteil finden. Die Wahrheit steht über dem Menschen, sie kann ihm aber nicht entzogen werden, außer er wendet sich von ihr ab. Durch die Verehrung der Wahrheit wird der Mensch unbesieglich. Durch sie wird der Mensch in Gott frei. Gott ist das Licht, in dessen Schein der Mensch zur Erkenntnis gelangt. Wahrheit kennt weder Zeit noch Raum, sondern ermöglicht beide. Sie ist also kein privates Gut. Insofern sie Objekt der Lehre und Praxis des Christentum ist, kann in seiner Lehre die wahre Religion gesehen werden.

De immortalitate animae

De immortalitate animae (lat.: „Über die Unsterblichkeit der Seele“) ist eine philosophische Abhandlung, die Aurelius Augustinus 387 als Zweiunddreißigjähriger nach seinen Ferien in Cassiciacum bei Mailand verfasste.

Er sah in seiner Abhandlung eine Erinnerungsstütze für ein abschließendes drittes Buch seiner *Selbstgespräche*, der Soliloquien (*Retractationes* I,5,I).

Inhalt

Augustinus beschreibt im Anschluss an das Matthäus-Evangelium (Mt 10,28) und an eine entsprechende neuplatonische Sicht die Seele als unsterblich. Ihre Unsterblichkeit rührt vor allem aus der Teilhabe an der ewigen Wahrheit her. Christliche Gedanken sind so gut wie nicht vertreten, obwohl er diese Abhandlung zwischen seiner Bekehrung zum Christentum (um den 1. August 386) und seiner Taufe (24./25. April 387 (Osternacht)) geschrieben hat. Vielmehr ist es die Gedankenwelt Plotins, die durchscheint. Der Leib-Seele-Dualismus wird aber bei Augustinus viel plastischer geschildert. Für Plotin war die Seele vor allem das Gestaltgebende, bei Augustinus erscheint sie als das Tätige am Menschen.

Die Unsterblichkeit der Seele ergibt sich aus ihrer Verbundenheit mit Gott. Die Seele ist das Bindeglied zwischen den göttlichen Ideen und dem Leib.

Mit dieser Abhandlung hört Augustinus' Interesse an der Seele aber nicht auf. Wenig später im Jahre 387 entstand die ebenfalls philosophische Schrift: *Über die Größe der Seele* („De quantitate animae“).

Ausgaben

- Harald Fuchs / H. Müller, Düsseldorf/Zürich 2002 (lat.-dt.).
- W. Hörmann, CSEL 89, 101-128.
- Gerald Watson: *Soliloquies and the Immortality of the Soul* . Aris & Phillips, Warminster, 1990, ISBN 0856685054 (lat.-engl. mit Kommentar).

Literatur

- W. Götzmann: *Die Unsterblichkeitsbeweise in der Väterzeit und Scholastik*, Karlsruhe 1927.
- Martin Grabmann: *Die Grundgedanken des heiligen Augustinus über die Seele und Gott*, Darmstadt 1967.
- Wilhelm Metz: "Soliloquia; De immortalitate animae." In: Michael Eckert u.a. (Hgg.): *Lexikon der theologischen Werke.* Stuttgart: Kröner 2003, S. 662-664. ISBN 3-520-49301-2
- R. Schneider: *Seele und Sein. Ontologie bei A. und Aristoteles*, Stuttgart 1957.

Quelle(n) und Bearbeiter des/der Artikel(s)

Augustinus von Hippo *Quelle*: http://de.wikipedia.org/w/index.php?oldid=72768917 *Bearbeiter*: 217, Achim Raschka, Adomnan, Ai24, Aka, Alkibiades, Allons!, AlterVista, Amano1, Ammonius, Amruthgen, AndreasPraefcke, Androl, Ankallim, Aristeas, Armin P., ArtMechanic, Asdrubal, Ashorochen, Asthma, Aths, Bader, Balthazar.bley, Balû, Barbabella, Bartido, Bdk, Ben-Zin, Bender235, Bene16, Benedikt, Benowar, Bhuck, Björn Bornhöft, Blaubahn, Blunt., Boobarkee, Boris Fernbacher, BoyBoy, Ca$e, Calinosa, Carbidfischer, Cartaphilus, CatMan61, Catrin, Chr-hammer, Chris09j, Christian Storm, Christianus, ChristophDemmer, D, David Ludwig, Dein Freund der Baum, Der Wolf im Wald, Die Barkarole, Diebu, Dietrich, Dinah, Docmo, Don Magnifico, DorisAntony, Druffeler, Dundak, Eckhart Wörner, Edia, Eickenberg, Elian, Elpizon, Emergenz, Emes, Emmaus, Engie, Ephraim33, FEXX, Fb78, Ferrydun, FloK, Frado, Franz Jahner, Fritz Jörn, Frommbold, GDK, Geist, der stets verneint, Gerhardvalentin, Gijs Siemeling, GoJoe, Grani, Graphikus, Guillermo, Hans-Joachim Lange (ZAF), Hansele, Heckp, Helmut Zenz, HenHei, Hermannthomas, Herrick, Hippo Regius, Historiograf, Hubertl, Hystrix, Igelball, Irmgard, Jensw, Jochanan Haatzlan, Johannes Rohr, Johannes@wiki, Jonathan Groß, Josef Spindelböck, Kahel, Kam Solusar, Karl-Henner, Keeting, Keichwa, Kerbel, Kku, Klingsor, Knoerz, Krawi, Kubieziel, LKD, Luha, MAY, MD, Mabim2002, Marc Layer, Markus Mueller, Martin Moeller, Martin Windischhofer, Martin-vogel, Matt1971, Matysik, Membeth, Michael Kühntopf, Michael.chlistalla, Mijobe, Mkleine, Mogelzahn, Moros, Muesse, My name, NetReaper, Ninety Mile Beach, Noebse, O.k., PDCA, PIGSgrame, Parakletes, PaterMcFly, Pelz, Perennis, Perseus1984, Peter Steinberg, Pflastertreter, Philipp S*sse, Pide, Piflaser, Pitichinaccio, Plehn, Poupou l'quourouce, Proofreader, Quoth, Rabanus Flavus, Rdb, Redf0x, Resquaedam, Richard Huber, Robert Huber, Rolf Nemitz, Rufinus, Rufus46, Ruhrpott-Prolet, SML, Sagar, Saint-Louis, Saskialouise, Schewek, Schubertfreak, Schusch, Sepp sausebein, Sigune, Silenus, Sinn, Small Axe, Southpark, Splayn, Sputnik, Stefan Knauf, Stefan Kühn, StefanC, Steffen, StillesGrinsen, Strikerman, SuMMon.KuLT, Suisui, T.M.L.-KuTV, TNolte, Terabyte, Tets, Thomasmuentzer, Tigerentenjäger, Timmiboy1984, TobiasKlaus, Tocca, Toffel, Tolanor, Tom Jac, Trabert, Tresckow, Tsor, Tzu, Tönjes, Umweltschützen, Uoeia, Uvo.scicchi, Uwe Gille, Verschlimmbesserer, Vervin, Victor Eremita, WAH, WIKImaniac, Westiandi, Wilfried Neumaier, Wolfgang K, Wolfgang1018, WolfgangRieger, Wst, XelaF, Yaqwert, Yomtov, Yorg, ZaFred, Zahlenmonster, Zerohund, 273 anonyme Bearbeitungen

Kirchenlehrer *Quelle*: http://de.wikipedia.org/w/index.php?oldid=71235185 *Bearbeiter*: Aka, Aktions, Alib, Anathema, Andrsvoss, Armin P., El, Emes, ErikDunsing, Eschenmoser, FZiegler, FloK, Frommbold, Gerhardvalentin, Harro von Wuff, Irmgard, Josef Spindelböck, Jrrtolkien, Logograph, M aus du, MAY, Mihai Andrei, Mini im Einsatz, Momo, Plehn, Puddleglum, Robert Huber, Robert Kropf, Robodoc, SS11, Saint-Louis, Schnitte, Seewolf, Shannon, T.a.k., Tengai, Theophilos, Tio, Trainspotter, Turris Davidica, Walk-on-by, Warp, Weissmann, Wst, Xarax, Zenit, 62 anonyme Bearbeitungen

Heiliger *Quelle*: http://de.wikipedia.org/w/index.php?oldid=72461909 *Bearbeiter*: Abderitestatos, Adlange, Adomnan, Afb, Aka, Amanda Müller, Andries, Andrsvoss, Azog, Bapho, Benedikt, Benowar, BerndGehrmann, Bertramz, Bew, Bhuck, Bluemask, Chaddy, D0c, Dietrich, Don Magnifico, Eilmeldung, Emil-Heinrich, Enten, Eynre, Fester franz, Flups, FordPrefect42, FrechBengel, Frente, Fritzle Aki, GeorgGerber, Germania, HaeB, HannaAndrea, Harold1977, He3nry, Helmut Zenz, Hubertl, Ilja Lorek, Irmgard, Jahn Henne, Jesusfreund, Karl-Henner, Katharina, Kku, Klapper, König Alfons der Viertelvorzwölfte, Leider, Lichtkind, M aus du, Magadan, Magnummandel, Marcu, Martiny, Matt1971, Migas, Mounir, Mundartpoet, Nelo, Nerdi, Nfreaker91, Nicolae Coman, Otfried Lieberknecht, PDD, Parakletes, Perennis, Pitichinaccio, Plasmagunman, Popie, Pöt, Q'Alex, Rabanus Flavus, Rainer E., Rax, Ribberlin, Robert Huber, Robert Weemeyer, Rspyra, Semper, Sicherlich, Siehe-auch-Löscher, Southpark, Speifensender, Steffen, SunnyB, T.Natrix, Thomas M., Urzeit, User0101010101, Uwe Gille, WAH, Werner Ochs, Wikifantexter, Wissling, Wst, Yorg, Zefrian, 78 anonyme Bearbeitungen

Monika von Tagaste *Quelle*: http://de.wikipedia.org/w/index.php?oldid=69933328 *Bearbeiter*: Adomnan, Aka, Andim, Bahnpirat, Bene16, Boobarkee, Bremond, Cinik, Don Magnifico, Désirée2, Emes, Hansele, Ilja Lorek, Jergen, Jrrtolkien, Kleinesg, Magnus Manske, Orwlska, Pelz, Petohmi, Pitichinaccio, Proofreader, Putzfrau, Sarge Baldy, Stahlkocher, Wolfgang K, 5 anonyme Bearbeitungen

Manichäismus *Quelle*: http://de.wikipedia.org/w/index.php?oldid=72826883 *Bearbeiter*: (cypsy), Aka, Alrahad, Angelika Lindner, Augiasstallputzer, Ben-Zin, Benowar, Breeze, Buchling, Carbidfischer, Chris05, Chrisa50, Christianus, ChristophDemmer, Conversion script, D, D.M.Felske, Dietrich, Drifty, Erdal Ronahi, Frommbold, Gaga, Gerhardvalentin, Gugganij, H-P, Irmgard, Ixitixel, J Safa, JCS, Jed, Jonas kork, Jpp, Kalan 0, Karl-Henner, Kku, Kladson, König Alfons der Viertelvorzwölfte, Löschfix, MFM, Maelcum, Magnus Manske, Malteser.de, Maria Wutz, Martin-vogel, Martinvie, Marzahn, Matze6587, Maya, Mrehker, Mxr, NSima, NickK, Numbo3, Oudeís, Pjacobi, Procopius, Roald, RobertLechner, Rolf Schulte, Saehrimnir, Samir Kh., Schewek, Senegrom, Shoshone, Steffen, Streifengrasmaus, Thomas Ihle, Trexpro, Trixium, Vagabund, Westthrakientürke, Winzi, Woldemar, Wolf32at, Wst, Xarax, Yorg, Zahlenmonster, Zangala, Zenwort, 80 anonyme Bearbeitungen

Ambrosius von Mailand *Quelle*: http://de.wikipedia.org/w/index.php?oldid=72697674 *Bearbeiter*: Ahoerstemeier, Aka, Anathema, Anatot, AndreasPraefcke, Andritzky, ArtMechanic, AxelHH, Benowar, Berglyra, Bhuck, Bienenhütte, Blaufisch, Boobarkee, Ca$e, Calinosa, Captain Blood, Carbidfischer, Catrin, Chris2001, ChristophDemmer, Codeispoetry, Complex, DasBee, Decius, Der.Traeumer, Don Magnifico, ErikDunsing, Eugen Ettelt, FEXX, Fingalo, Frank C. Müller, Frank Reinhart, Fusslkopp, Gamsbart, Garinger, Gerhard51, Gleiberg, Gnu1742, Grani, Gugganij, Hardenacke, Henriette Fiebig, Irmgard, JPP, Jesusfreund, Jonathan Groß, Jrrtolkien, Kalenderbleistift, Karl-Henner, Krawi, Leider, Magnus Manske, Marsupilami04, Membeth, Mihai Andrei, Nosce, Paenultima, Parakletes, Pelz, Proofreader, Ralf Gartner, Richard Huber, RobertLechner, Robodoc, Rotakiwi, Rufinus, SJuergen, SS11, Sebastian Wallroth, Seewolf, Sendker, Shyam, Sly, Stefan Kühn, Thierry Caro, ThomasPusch, Tigerentenjäger, Tolanor, TomK32, Treue, Turris Davidica, Umweltschützen, Varina, WIKImaniac, Wasseralm, Wolfgang1018, WolfgangRieger, Wst, Yorg, YourEyesOnly, ¡0-8-15!, 53 anonyme Bearbeitungen

Paulusbriefe *Quelle*: http://de.wikipedia.org/w/index.php?oldid=71638855 *Bearbeiter*: Aasen, Adrian Suter, Aktions, Alauda, Alexander Z., AndreasPraefcke, Ar-ras, Bender235, ChristophDemmer, Dingo, Flominator, Howwi, Irene1949, Irmgard, Jed, Leszek Jańczuk, M.Kenneweg, Mathetes, Matthias.Gruber, Nebukatnezar, Plasmagunman, R a c, Robert Huber, Schwammerl-Bob, Septembermorgen, Small Axe, Soebe, Stefan h, Wolfgang1018, 25 anonyme Bearbeitungen

Brief des Paulus an die Römer *Quelle*: http://de.wikipedia.org/w/index.php?oldid=71013246 *Bearbeiter*: Aasen, Aka, Beelzebubs Grandson, Bettina Kruse, Brillentraegerin, ChristophDemmer, DAxpeDDa, Ephraim33, Formatierungshilfe, Fristu, GLGerman, Gerhardvalentin, Gratisschreiberling, HaeB, Hansele, Ilian, Iowausa, JCS, JPP, JakobVoss, Jcbos, Jed, Jensw, Jesusfreund, Kanzlei Franz Kafka, Kapeka, Karl-Henner, Katimpe, Kirc-89, Kku, Lysis, MarcoBorn, Mikue, Nebukatnezar, Obersachse, Phi, Philipendula, Pluriscient, Ralf S., Reinhard Kraasch, Rtc, Stechlin, Stefan h, Steffen, StenSeifert, Stephan G. Geffers, Symposiarch, Thorbjoern, Tischbeinahe, Vargenau, Wikix, Wolfgang1018, YourEyesOnly, €pa, 82 anonyme Bearbeitungen

Annaba *Quelle*: http://de.wikipedia.org/w/index.php?oldid=72016048 *Bearbeiter*: BishkekRocks, Blaubahn, D, Eriosw, Foundert, Helmut Zenz, Hippo Regius, Homeruniverse, J budissin, Jens Liebenau, Jpp, Karl-Friedrich Lenz, Löschfix, Man77, Marcus Cyron, Martin-vogel, Matysik, Nosgart, Peter200, Rhion, Saint-Louis, Schmechi, Schumir, Semper, SolssetEben!, Stefan Kühn, Svens Welt, Wõðanaz, 21 anonyme Bearbeitungen

Pavia *Quelle*: http://de.wikipedia.org/w/index.php?oldid=71303075 *Bearbeiter*: 1001, Bender235, Bene16, Benowar, Brunosimonsara, Bärski, Catrin, Clemensfranz, Decius, Ditschi, FatmanDan, Freimut Bahlo, Ggonnell, HaSee, Hashar, He3nry, Herrick, Herzi Pinki, High Contrast, Jed, Leipnizkeks, Matthias Holländer, Mink95, Moros, Numbo3, Pakeha, Peter200, Proofreader, Remi, RicciSpeziari, Schubbay, Schumir, Septembermorgen, Taxiarchos228, Thorbjoern, Tobias1983, Trabert, Ttog, Ulamm, Ulrich Rosemeyer, Vaslovag, WirSindHelden, Ĝù, 22 anonyme Bearbeitungen

Augustinusregel *Quelle*: http://de.wikipedia.org/w/index.php?oldid=72259938 *Bearbeiter*: Anathema, Armin P., BoyBoy, Christianus, ChristophDemmer, Diba, Gödeke, Historiograf, Kku, Objektivieren, Quistnix, RoyFocker, SDB, Saltose, Schubertfreak, Setanta, Siard, Wilske, 2 anonyme Bearbeitungen

Zölibat *Quelle*: http://de.wikipedia.org/w/index.php?oldid=72808447 *Bearbeiter*: APPER, Abe Lincoln, AchimP, Adomnan, Adrian Suter, Aka, Albrecht1, AlexR, Amodorrado, Amurtiger, Andreas56, AndreasPraefcke, Atlan da Gonozal, Atze-One, Ben-Zin, Bene16, Bernhard55, Bertram, Bhuck, Birger Fricke, Blackybd, Blaumaler, Bmwtroll, Bonifatius, Böhlau Wien, Ca$e, Capaci34, Carolin, Chatter, Chgeiselmann, Christian Specht, ChristophDemmer, Church of emacs, Claus Vester, Curtis Newton, Cymothoa exigua, D, Daploppts, DasBee, Dietrich, Diskriminierung, Doc Sleeve, Doctor angelicus, Dudy001, Efficiency, Elya, Entlinkt, EricS, ErikDunsing, Exil, FFrenzel, Flbger, Flominator, Florian Adler, FlorianThomasHofmann, FordPrefect42, Friedrichheinz, Frommbold, GGraf, GLGerman, GLGermann, Gegenalles, GeorgGerber, Giftmischer, Grani, Grey Geezer, Gugganij, Gunilla, HaSee, HaeB, Hajumal, Hansele, Helmut Zenz, Herbertweidner, Horst, House1630, Howwi, Hozro, Hubertl, Hydro, Ilja Lorek, Irmgard, Jaer, Jergen, Joise, JonBs, Josef Spindelböck, Jpp, Jrrtolkien, Justitius, Jwollbold, Katimpe, Kiker99, Kookaburra sits in the old gum tree, Kubrick, Kurt Jansson, LUZIFER, Leckse, Leichtbau, Liberatus, Liboria, LinveggieLÄ, Looperz, Lupo Curtius, Lupussy, Lyriost, Lysis, Madkiss, Martin Aggel, Mfranck, Michael Vogel, Mijobe, Milzbrand, Mipago, MlaWU, Mmg, Moguntiner, Momo, Mons Maenalus, My name, NetReaper, Nicor, Nina, Orpheus2510, Palica, PaterMcFly, Pelz, Peter Häring, Peter Posthorn, Peter Wöllauer, Peter200, Politikverbesserer, Prodenter, Proofreader, Q'Alex, Rabanus Flavus, Rob Hooft, RokerHRO, Romanist, S.Didam, Seidl, Siebzehnwolkenfrei, Southpark, SpiegelLeser, Stahlfresser, Stechlin, Sttn, SwissAirForceSoldier, Temistokles, TheK, Theobolle, Tim Pritlove, Timwi, Torsten Schleese, Turrano, Turris Davidica, Tönjes, Túrelio, UW, Unscheinbar, Vernula deus, WAH, WalterWolli, WarPigs, Wasseralm, Weiacher Geschichte(n), Weissbier, Weiße Rose, Widipedia, Wikiwikiwikinger, Wilkinus, Willibaldus, Wst, Wö-ma, YourEyesOnly, Zaphiro, Ziegenspeck, 292 anonyme Bearbeitungen

Augustinismus *Quelle*: http://de.wikipedia.org/w/index.php?oldid=57711438 *Bearbeiter*: Irmgard, Kresspahl, T.M.L.-KuTV, Uwe Gille

Confessiones *Quelle*: http://de.wikipedia.org/w/index.php?oldid=66072877 *Bearbeiter*: Andrsvoss, Beek100, Bene16, Bernhard55, Bierdimpfl, Ca$e, ChristophDemmer, Complex, Dagonet, FWO, Fristu, Hardenacke, Helmut Zenz, Ichthys, Irmgard, Josef Spindelböck, Karl-Henner, Magnus, Morgenröte, Mychajlo, Perennis, Perfectionator, Quoth, Rainer Lewalter, Rolf Schulte, S.K., Schewek, Victor Eremita, Vroni, Wst, 20 anonyme Bearbeitungen

De Trinitate *Quelle*: http://de.wikipedia.org/w/index.php?oldid=71872778 *Bearbeiter*: Dietrich, Expz, Grenzgänger, Luha, Lykos, Perfectionator, Radulf, Sr. F, WolfgangRieger, 3 anonyme Bearbeitungen

De civitate Dei *Quelle*: http://de.wikipedia.org/w/index.php?oldid=71872793 *Bearbeiter*: Andrsvoss, Apotheker1981, Asthma, Benowar, Bierdimpfl, Blaufisch, C.Löser, Dachris, Der Eberswalder, Dundalk, Gbeckmann, Gäster, H h, Hardenacke, Helmut Zenz, Hühnermanhattan, Irmgard, Jed, Josef Spindelböck, Karl-Henner, Markus Mueller, OgeRetla, Perennis, Proofreader, RoswithaC, Sava, Schwing, Tets, Themistokles1984, Volkes Stimme, WolfgangRieger, °, 26 anonyme Bearbeitungen

De beata vita *Quelle*: http://de.wikipedia.org/w/index.php?oldid=71872790 *Bearbeiter*: Aka, Amruthgen, Bene16, ChristophDemmer, Darev, Das Robert, Formatierungshilfe, Hardenacke, Helmut Zenz, Hesiod1983, Hortensius, JCS, Jörny, Markus Mueller, Mrehker, Perennis, SPKirsch, Tsor, Victor Eremita, WolfgangRieger, 12 anonyme Bearbeitungen

De vera religione *Quelle*: http://de.wikipedia.org/w/index.php?oldid=71872805 *Bearbeiter*: 2micha, Benowar, BlueCücü, Christianus, ChristophDemmer, Darev, Elwe, Helmut Zenz, Mrehker, Perennis, Schwing, WolfgangRieger, °, 1 anonyme Bearbeitungen

De immortalitate animae *Quelle*: http://de.wikipedia.org/w/index.php?oldid=71516805 *Bearbeiter*: HerbertErwin, La Corona, Ralf Gartner, Schwalbe, 4 anonyme Bearbeitungen

Quelle(n), Lizenz(en) und Autor(en) des Bildes

Datei:AugustineLateran.jpg *Quelle*: http://de.wikipedia.org/w/index.php?title=Datei:AugustineLateran.jpg *Lizenz*: unbekannt *Bearbeiter*: AndreasPraefcke, Irmgard, 1 anonyme Bearbeitungen

Datei:TolleLege.jpg *Quelle*: http://de.wikipedia.org/w/index.php?title=Datei:TolleLege.jpg *Lizenz*: unbekannt *Bearbeiter*: AndreasPraefcke, Irmgard, Mattes, Mladifilozof, Shakko, Warburg

Datei:AugustineBaptism.jpg *Quelle*: http://de.wikipedia.org/w/index.php?title=Datei:AugustineBaptism.jpg *Lizenz*: unbekannt *Bearbeiter*: AndreasPraefcke, G.dallorto, Irmgard, Mladifilozof, Skipjack

Datei:Norbert xanten.JPG *Quelle*: http://de.wikipedia.org/w/index.php?title=Datei:Norbert_xanten.JPG *Lizenz*: unbekannt *Bearbeiter*: AndreasPraefcke, Paddy, Shakko, Tomisti

Datei:Fra Angelico 031.jpg *Quelle*: http://de.wikipedia.org/w/index.php?title=Datei:Fra_Angelico_031.jpg *Lizenz*: Public Domain *Bearbeiter*: AndreasPraefcke, EDUCA33E, G.dallorto, Goldfritha, Mattes, Sailko, Wst

Datei:Polycarp.jpg *Quelle*: http://de.wikipedia.org/w/index.php?title=Datei:Polycarp.jpg *Lizenz*: Public Domain *Bearbeiter*: Crux, Qurqa, Shakko, Werckmeister, Wst, 3 anonyme Bearbeitungen

Datei:Gentile da Fabriano 077.jpg *Quelle*: http://de.wikipedia.org/w/index.php?title=Datei:Gentile_da_Fabriano_077.jpg *Lizenz*: Public Domain *Bearbeiter*: AndreasPraefcke, Wst, Xenophon

Datei:14Nothelfer.JPG *Quelle*: http://de.wikipedia.org/w/index.php?title=Datei:14Nothelfer.JPG *Lizenz*: GNU Free Documentation License *Bearbeiter*: User:Immanuel Giel

Datei:Byzantinische Ikone Madonna von Zvonik.jpg *Quelle*: http://de.wikipedia.org/w/index.php?title=Datei:Byzantinische_Ikone_Madonna_von_Zvonik.jpg *Lizenz*: unbekannt *Bearbeiter*: Bender235, Jesusfreund, Nicolas G., 2 anonyme Bearbeitungen

Datei:Hebron-(Abraham)-Mosche.JPG *Quelle*: http://de.wikipedia.org/w/index.php?title=Datei:Hebron-(Abraham)-Mosche.JPG *Lizenz*: unbekannt *Bearbeiter*: Hwilde, Kapitän Nemo

Datei:Chebika_Marabout.JPG *Quelle*: http://de.wikipedia.org/w/index.php?title=Datei:Chebika_Marabout.JPG *Lizenz*: Public Domain *Bearbeiter*: User:BishkekRocks

Datei:Buddha-Vajrapani-Herakles.JPG *Quelle*: http://de.wikipedia.org/w/index.php?title=Datei:Buddha-Vajrapani-Herakles.JPG *Lizenz*: GNU Free Documentation License *Bearbeiter*: Gryffindor, Jastrow, PHGCOM, 1 anonyme Bearbeitungen

Datei:Confuciustombqufu.jpg *Quelle*: http://de.wikipedia.org/w/index.php?title=Datei:Confuciustombqufu.jpg *Lizenz*: GNU Free Documentation License *Bearbeiter*: User:Rolfmueller

Datei:Sainte Monique.jpg *Quelle*: http://de.wikipedia.org/w/index.php?title=Datei:Sainte_Monique.jpg *Lizenz*: unbekannt *Bearbeiter*: Ary Scheffer

Datei:Manicheans.jpg *Quelle*: http://de.wikipedia.org/w/index.php?title=Datei:Manicheans.jpg *Lizenz*: unbekannt *Bearbeiter*: unknown artist

Datei:Museum für Indische Kunst Dahlem Berlin Mai 2006 066.jpg *Quelle*: http://de.wikipedia.org/w/index.php?title=Datei:Museum_für_Indische_Kunst_Dahlem_Berlin_Mai_2006_066.jpg *Lizenz*: Public Domain *Bearbeiter*: User:Gryffindor

Datei:AmbroseOfMilan.jpg *Quelle*: http://de.wikipedia.org/w/index.php?title=Datei:AmbroseOfMilan.jpg *Lizenz*: unbekannt *Bearbeiter*: G.dallorto, Irmgard, Man vyi, Pko

Datei:AmbroseStatue.png *Quelle*: http://de.wikipedia.org/w/index.php?title=Datei:AmbroseStatue.png *Lizenz*: Public Domain *Bearbeiter*: G.dallorto, Irmgard, Pko

Datei:Anthonis van Dyck 005.jpg *Quelle*: http://de.wikipedia.org/w/index.php?title=Datei:Anthonis_van_Dyck_005.jpg *Lizenz*: Public Domain *Bearbeiter*: G.dallorto, Natl1, Pvasiliadis, Skipjack, 2 anonyme Bearbeitungen

Datei:Ambrosiusostbevern.jpg *Quelle*: http://de.wikipedia.org/w/index.php?title=Datei:Ambrosiusostbevern.jpg *Lizenz*: Public Domain *Bearbeiter*: AnRo0002, G.dallorto, Sendker

Datei:Algeria location map.svg *Quelle*: http://de.wikipedia.org/w/index.php?title=Datei:Algeria_location_map.svg *Lizenz*: GNU Free Documentation License *Bearbeiter*: User:Sting

Datei:Annaba cote.jpg *Quelle*: http://de.wikipedia.org/w/index.php?title=Datei:Annaba_cote.jpg *Lizenz*: GNU Free Documentation License *Bearbeiter*: User:Sandervalya

Datei:Italy location map.svg *Quelle*: http://de.wikipedia.org/w/index.php?title=Datei:Italy_location_map.svg *Lizenz*: Creative Commons Attribution-Sharealike 3.0 *Bearbeiter*: User:NordNordWest

Datei:Pavia_San_Michele.jpg *Quelle*: http://de.wikipedia.org/w/index.php?title=Datei:Pavia_San_Michele.jpg *Lizenz*: GNU Free Documentation License *Bearbeiter*: Benutzer:Trabert

Datei:Pavia Chiesa di San Michele2.jpg *Quelle*: http://de.wikipedia.org/w/index.php?title=Datei:Pavia_Chiesa_di_San_Michele2.jpg *Lizenz*: Creative Commons Attribution-Sharealike 3.0 *Bearbeiter*: Welleschik

Datei:Pavia Chiesa di San Michele1.jpg *Quelle*: http://de.wikipedia.org/w/index.php?title=Datei:Pavia_Chiesa_di_San_Michele1.jpg *Lizenz*: Creative Commons Attribution-Sharealike 3.0 *Bearbeiter*: Welleschik

Datei:Pavia Chiesa di San Michele4.jpg *Quelle*: http://de.wikipedia.org/w/index.php?title=Datei:Pavia_Chiesa_di_San_Michele4.jpg *Lizenz*: Creative Commons Attribution-Sharealike 3.0 *Bearbeiter*: Welleschik

Image:Pavia San Pietro in Ciel d'Oro1.JPG *Quelle*: http://de.wikipedia.org/w/index.php?title=Datei:Pavia_San_Pietro_in_Ciel_d'Oro1.JPG *Lizenz*: Creative Commons Attribution-Sharealike 3.0 *Bearbeiter*: Welleschik

Image:Tomba di Severino Boezio.jpg *Quelle*: http://de.wikipedia.org/w/index.php?title=Datei:Tomba_di_Severino_Boezio.jpg *Lizenz*: Public Domain *Bearbeiter*: Admrboltz, G.dallorto, Giorces, Mac9, Verica Atrebatum, 1 anonyme Bearbeitungen

Bild:Pavia San Pietro in Ciel d'Oro Luitprand.jpg *Quelle*: http://de.wikipedia.org/w/index.php?title=Datei:Pavia_San_Pietro_in_Ciel_d'Oro_Luitprand.jpg *Lizenz*: Creative Commons Attribution-Sharealike 3.0 *Bearbeiter*: Welleschik

Image:Pavia San Pietro in Ciel d'Oro Dante.JPG *Quelle*: http://de.wikipedia.org/w/index.php?title=Datei:Pavia_San_Pietro_in_Ciel_d'Oro_Dante.JPG *Lizenz*: Creative Commons Attribution-Sharealike 3.0 *Bearbeiter*: Welleschik

Bild:Pavia San Pietro Arca Sant'Agostino.JPG *Quelle*: http://de.wikipedia.org/w/index.php?title=Datei:Pavia_San_Pietro_Arca_Sant'Agostino.JPG *Lizenz*: Creative Commons Attribution-Sharealike 3.0 *Bearbeiter*: Welleschik

Datei:Castello Visconteo (Pavia).JPG *Quelle*: http://de.wikipedia.org/w/index.php?title=Datei:Castello_Visconteo_(Pavia).JPG *Lizenz*: GNU Free Documentation License *Bearbeiter*: Giorgio Gonnella

Datei:Pavia_Piazza_Vittoria.jpg *Quelle*: http://de.wikipedia.org/w/index.php?title=Datei:Pavia_Piazza_Vittoria.jpg *Lizenz*: GNU Free Documentation License *Bearbeiter*: Benutzer:Trabert

Bild:Aula magna-University-Pavia-Italy.jpg *Quelle*: http://de.wikipedia.org/w/index.php?title=Datei:Aula_magna-University-Pavia-Italy.jpg *Lizenz*: GNU Free Documentation License *Bearbeiter*: Giorgio Gonnella

Bild:Italy Pavia Ponte vecchio.JPG *Quelle*: http://de.wikipedia.org/w/index.php?title=Datei:Italy_Pavia_Ponte_vecchio.JPG *Lizenz*: GNU Free Documentation License *Bearbeiter*: Giorgio Gonnella

Bild:Old Bridge in pavia by night.jpg *Quelle*: http://de.wikipedia.org/w/index.php?title=Datei:Old_Bridge_in_pavia_by_night.jpg *Lizenz*: Creative Commons Attribution-Sharealike 2.5 *Bearbeiter*: Fransvannes, G.dallorto, Gvisconti, Luigi Chiesa, Ronaldino

Bild:Italy - Pavia - Ruins of the old bridge.jpg *Quelle*: http://de.wikipedia.org/w/index.php?title=Datei:Italy_-_Pavia_-_Ruins_of_the_old_bridge.jpg *Lizenz*: GNU Free Documentation License *Bearbeiter*: User:Ggonnell

Bild:Italy - Pavia - Borgo Basso.jpg *Quelle*: http://de.wikipedia.org/w/index.php?title=Datei:Italy_-_Pavia_-_Borgo_Basso.jpg *Lizenz*: GNU Free Documentation License *Bearbeiter*: User:Ggonnell

Bild:Church S.Maria del Carmine in Pavia.jpg *Quelle*: http://de.wikipedia.org/w/index.php?title=Datei:Church_S.Maria_del_Carmine_in_Pavia.jpg *Lizenz*: GNU Free Documentation License *Bearbeiter*: G.dallorto, Ggonnell, Kevyn, Mac9, Slawojar

Datei:Pavia türme1.jpg *Quelle*: http://de.wikipedia.org/w/index.php?title=Datei:Pavia_türme1.jpg *Lizenz*: Creative Commons Attribution-Sharealike 3.0 *Bearbeiter*: Welleschik

Bild:Cupola Arnaboldi.jpg *Quelle*: http://de.wikipedia.org/w/index.php?title=Datei:Cupola_Arnaboldi.jpg *Lizenz*: GNU Free Documentation License *Bearbeiter*: Giorgio Gonnella

Datei:Luther Auslegung Korinther 7 von 1523.jpg *Quelle*: http://de.wikipedia.org/w/index.php?title=Datei:Luther_Auslegung_Korinther_7_von_1523.jpg *Lizenz*: Public Domain *Bearbeiter*: AndreasPraefcke, Origamiemensch, Schmelzle, Shakko, 1 anonyme Bearbeitungen

Bild:AugustineBaptism.jpg *Quelle*: http://de.wikipedia.org/w/index.php?title=Datei:AugustineBaptism.jpg *Lizenz*: unbekannt *Bearbeiter*: AndreasPraefcke, G.dallorto, Irmgard, Mladifilozof, Skipjack

Datei:City of God Manuscript.jpg *Quelle*: http://de.wikipedia.org/w/index.php?title=Datei:City_of_God_Manuscript.jpg *Lizenz*: Public Domain *Bearbeiter*: Dsmdgold, Mladifilozof, Tomisti

Printed by Books on Demand GmbH, Norderstedt / Germany